다락원

저자 소개

김민영교수님은 중국 국가장학생으로 선발되어 중국에서 중국어국제교육을 전공하였고, 어린이중국어교육으로 석·박사학위를 취득하였습니다. 현재는 부산외국어대학교에서 중국어를 가르치고 있고, 어린이 중국어를 지도하고 계시는 선생님들과 함께 중국어 교수법을 연구하고 있습니다.

현) **부산외국어대학교 글로벌융합교육원 연구교수**
부산외국어대학교 대학원 어린이중국어교육전공 담당교수

자문위원 **이명란**

현) 인천 박문초등학교 중국어, 한문 담당교사
연경이공대학교 한국어학당 주임
대련 외국어 대학교 한국어학과 원어민 교수
인천 박문여자고등학교 한문 교사

〈저서 및 연구 활동〉

- 비즈니스 한국어 회화 (북경 세계도서 출판사)
- 중 · 한 대학생 기질 연구 비교(박사)
- 한국 유아 성격 발달 연구(석사)
- 중한 유아 성격 발달 비교 연구

연구위원

高垠朱 부산외국어대학교 대학원 어린이 중국어 지도사 양성 과정 담당
김민령 어린이집 교사
김영아 유치원 교사
신순자 초 · 중등 방과후 전문 강사
황원희 초등 방과후 전문 강사

어린이 중국어 해결사 – 발음

지은이 김민영
펴낸이 정규도
펴낸곳 (주)다락원

초판 1쇄 발행 2019년 10월 10일
초판 2쇄 발행 2023년 02월 25일

총괄편집 이후춘
책임편집 윤성미

디자인 김성희, 윤미정, 김수연
중국어 발음 녹음 조홍매
일러스트 리은(waterdrink_@naver.com)

다락원 경기도 파주시 문발로 211
내용 및 구입문의: (02)736-2031 (내선 291~293/250~252)
Fax: (02)732-2037
출판등록 1977년 9월 16일 제406-2008-000007호

정가 14,800원

ISBN 978-89-277-7113-5 13720

목차

머리말

왜 병음을 읽을 때 'b, p, m, f'를 '뽀, 포, 모, *포'라고 할까?

병음은 성모, 운모, 성조 어떤 것부터 배워야 할까?

병음은 알파벳으로 쓰니까 영어처럼 읽으면 될까?

병음 읽는 연습을 한 번에 끝낼 수 읽을까?

중국어 공부를 처음 시작하는 학습자들이 한 번쯤은 궁금했을 법한 의문이죠?
중국어는 한자만으로 소리를 표현할 수 없기 때문에 알파벳을 사용하여 읽기 쉽도록 '한어병음'을 만들었답니다. 그렇기 때문에 중국어를 처음 시작하는 학습자들은 영어처럼 보이는 병음을 먼저 접하게 되고, 병음을 보며 발음을 하게 됩니다. 그런데 간혹 발음연습을 '병음 익히기'로 생각하는 경우가 있어요. 발음연습은 단순하게 병음을 익히는 과정도 아니고, 단기간에 끝낼 수 있는 것도 아니랍니다. 특히 중국어처럼 성조가 있는 언어는 입으로 소리 내어 읽고, 귀로 들으면서 계속해서 뇌를 자극시켜야 해요.

여러분과 함께 중국어 발음을 공부할 『**어린이 중국어 해결사-발음**』 교재의 특징을 살펴 볼까요?

하나. 꼭 필요한 단어만 담았어요!

어린이중국어 교재에 수록된 단어들 중에서 사용빈도가 높고, 일상생활에 필요하며
발음 연습에도 적합한 157개 단어와 기본 회화 문장 8개를 선별하여 담았어요.

둘. 집중력과 흥미, 그리고 성취감을 높일 수 있도록 구성했어요!

매 과의 시작페이지를 주목하세요! 매 과에서 배우게 될 내용을 그림 속에 숨겨 놓았어요. 그림을 보면서 자유롭게 이야기하는 '스토리텔링', 알쏭달쏭 '숨은그림찾기'를 통해서 중국어학습에 재미를 더해요.

셋. 일반적인 발음교재와는 달라요!

처음 몇 개 과에서만 발음을 학습하고 회화 위주의 내용이 대부분인 발음교재가 아니에요. 본 교재는 1과부터 3과까지 운모, 성모, 성조를 만화를 통해 부담 없이 익힐 수 있도록 했고, 4과부터 9과까지는 반복적인 발음연습을 통해 단어도 함께 익힐 수 있도록 했어요. 그리고 10과에서는 과일, 동물, 국가, 인사를 주제로 신나는 챈트도 따라 부르고, 만들기도 할 수 있도록 특별하게 구성했답니다.

넷. 학습자와 교사를 모두 만족시킬 수 있도록 했어요!

부록에 있는 병음카드(성모, 운모, 성조)는 발음연습을 하는데 특화되어 있어요. 교사에게는 수업 준비의 부담은 줄이되 가르쳐야 할 내용은 풍부하게 제공하고, 학습자에게는 보면 볼수록 빠져드는 교재가 되도록 구성했답니다.

『**어린이 중국어 해결사-발음**』을 통해서 우리 어린이들이 중국어를 재미있게 공부하고, 중국어에 자신감이 생길 수 있기를 기대합니다.

저자 김민영

이렇게 사용하세요!

그림을 보며 이야기를 만들어요!

그림 속 주인공들이 어떤 이야기를 가지고 있는지 자유롭게 이야기하며, 스토리텔링 학습을 통해 기억력을 향상시켜요.

알쏭달쏭 숨은그림찾기로 중국어와 친해져요!

각 과에서 배울 단어를 미리 찾아보며 수업에 흥미를 느껴요.

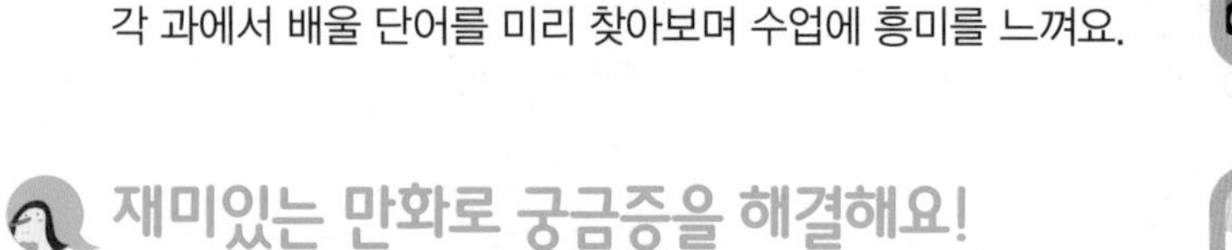

재미있는 만화로 궁금증을 해결해요!

중국어를 공부하면서 늘 따라다녔던 'WHY?'라는 궁금증을 재미있는 만화를 통해서 쉽게 이해해요.

또박또박 쓰면서 한어병음을 익혀요!

한어병음은 중국어의 발음을 읽을 수 있는 알파벳이에요. 영어 알파벳과 비슷하지만, 발음은 똑같지 않아요. 발음에 주의하며 큰 소리로 따라 읽고 천천히 따라 써요.

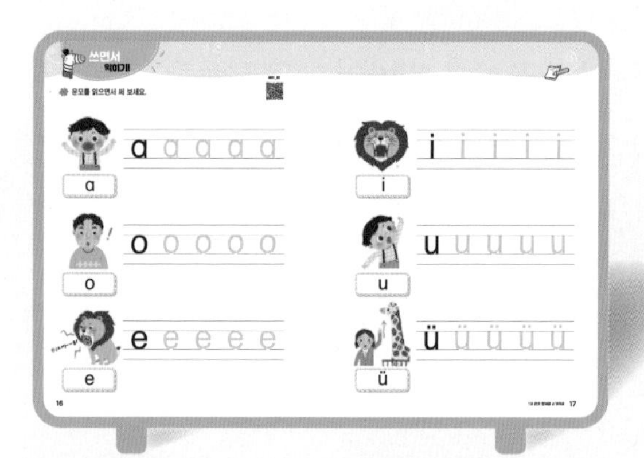

발음을 체계적으로 연습해요!

각 과에서 배우게 되는 병음으로만 구성된 단어를 익혀요. 재미있는 그림과 함께 단어의 뜻도 쏙쏙 기억해요.

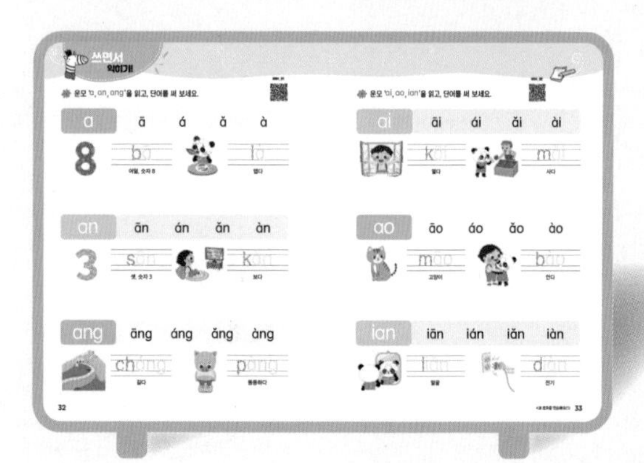

재미있는 게임으로 중국어 발음과 한어병음을 복습해요!

그동안 배운 단어의 정확한 발음을 찾고, 사다리 게임도 하면서 재미있게 중국어 발음과 한어병음을 복습해요.

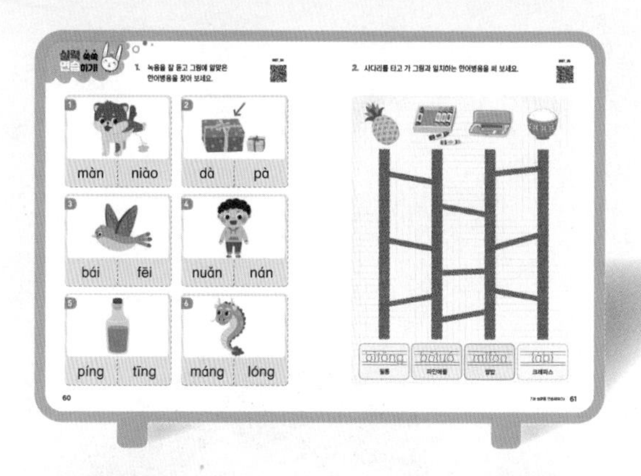

쿵짝쿵짝 챈트, 뚝딱뚝딱 만들기를 통해 재미를 더해요!

흥미로운 주제를 가지고 신나는 챈트를 따라 부르며, 나만의 작품을 만들어 볼까요? 자신있게 중국어도 말하고 재미있게 단어도 익혀요.

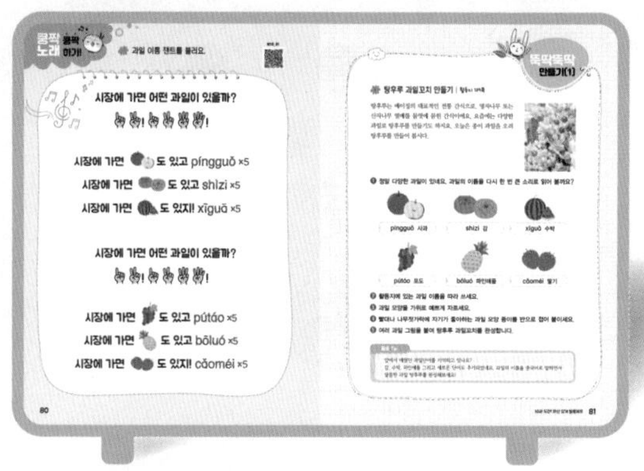

병음 카드로 친구들과 재미있게 게임해요!

'고양이'를 중국어로 어떻게 발음할까요? 성모와 운모, 성조 카드를 가지고 친구들, 선생님과 중국어 발음 게임을 해요. 신나게 놀면서 중국어 발음을 복습해 보아요.

발음공부를 함께 할 친구를 소개해요~

Nǐ hǎo! Wǒ jiào Duōlè!

Nǐ hǎo!
Wǒ jiào Pàngpang!

Nǐ jiào shénme míngzi?
너는
이름이 뭐니?
내 이름은
_______ 야.
Wǒ jiào _______!
모두들 반가워!
우리 중국어 공부하러
출발하자!

중국에 대해서 알려주세요!

중국의 땅 넓이는 세계 4위!

중국은 세계에서 네 번째로 큰 나라예요.
중국의 땅 넓이는 우리나라 한반도 크기의
44배랍니다. 정말 크죠?

중국의 국기는 우씽홍치!

우리나라 국기는 태극기고요, 중국의 국기는 '우씽홍치'예요.
'다섯' 개의 '별'이 있는 '빨간색 깃발'이라는 뜻이죠.

중국의 수도는 베이징!

우리나라 수도는 서울이고요, 중국의 수도는 '베이징'이에요.
베이징에는 임금님이 살던 '자금성'이 있어요!

자금성

천안문 광장

중국어에 대해서도 알고 싶어요!

중국어 한자는 간체자!

중국에서는 간단한 한자인 '간체자'를 써요.
우리말에서 쓰는 한자보다 훨씬 간단하죠!

우리말에서 배우는
한자는 '번체자'예요.
'복잡한 한자'라는 뜻이지요.

번체자

간체자

중국어를 읽을 때는 한어병음으로!

우리말은 한글로 쓰고, 보고 읽어요. 중국어는 한자로 쓰고, 한어병음이라는
알파벳을 보고 읽어요! 한자만 봐서는 읽을 수 없기 때문이에요.
한어병음은 **성모**와 **운모** 그리고 **성조**를 모아 쓴답니다. 아주 간단하죠!

중국어 발음

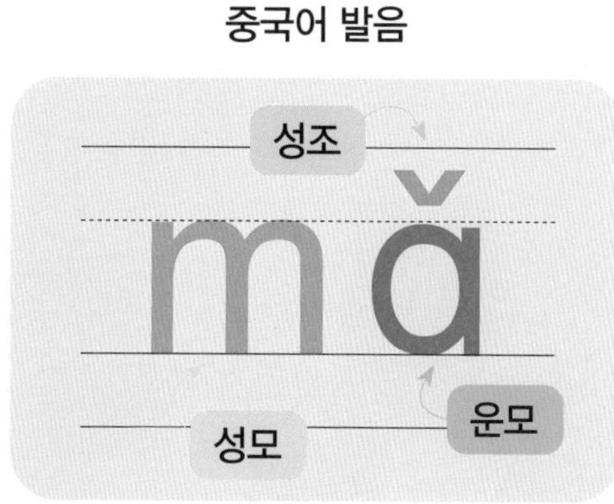

우리말 발음

1 운모 형제를 소개해요.

여섯 명의 운모 형제를 소개해요.

M01_00

ZOO
ü
e
u

M01_01

다락이 가족이 동물원에 놀러갔어요. 동물원에서 누구를 만났을까요?

여섯 명의 운모 형제 중 첫째는 입 모양이 가장 큰 ɑ, 막내는 입 모양이 제일 작은 ü랍니다.

ɑ > o > e > i > u > ü

M01_02

운모를 읽으면서 써 보세요.

a a a a a

a

o o o o o

o

e e e e e

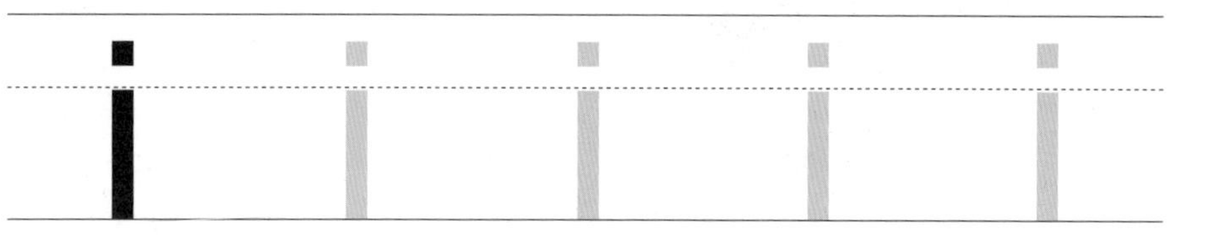

i

u

ü ü ü ü ü

ü

2 성모 반 친구들을 소개해요.

M02_00

21명의 성모 친구들을 소개해요.

M02_01

팡팡이가 다락이에게 성모 반 친구들을 소개해요.

성모 친구들은 혼자서 발음할 수 없어. 운모 친구들을 만나서 발음해야 해!

b, p, m, f

얘네들을 연습할 때는 o와 함께 발음해야 해.

d, t, n, l

g, k, h

얘네들을 연습할 때는 e를 붙여서 연습해 봐.

팡팡아, 왜 똑같은 자석을 들고 있어?

i는 모양은 같지만
어떤 성모 친구들을
만나느냐에 따라
발음이 달라져.

발음이
달라진다고?

j
q
얘네와 만나면
i는 [이]로 발음해.

z
zh
ch
c
sh
s
r
z, c, s
zh, ch, sh, r
하지만 얘네들을 만나면
i는 [으]로 발음해야 해.

zhi, chi, shi, ri
그리고 얘네를 발음할 때는
혀를 살짝 말아서 해봐.

이렇게?

M02_02

성모를 읽으면서 써 보세요.

b p m f + o

bo po mo fo

d t n l + e

de te ne le

g k h + e

ge ke he

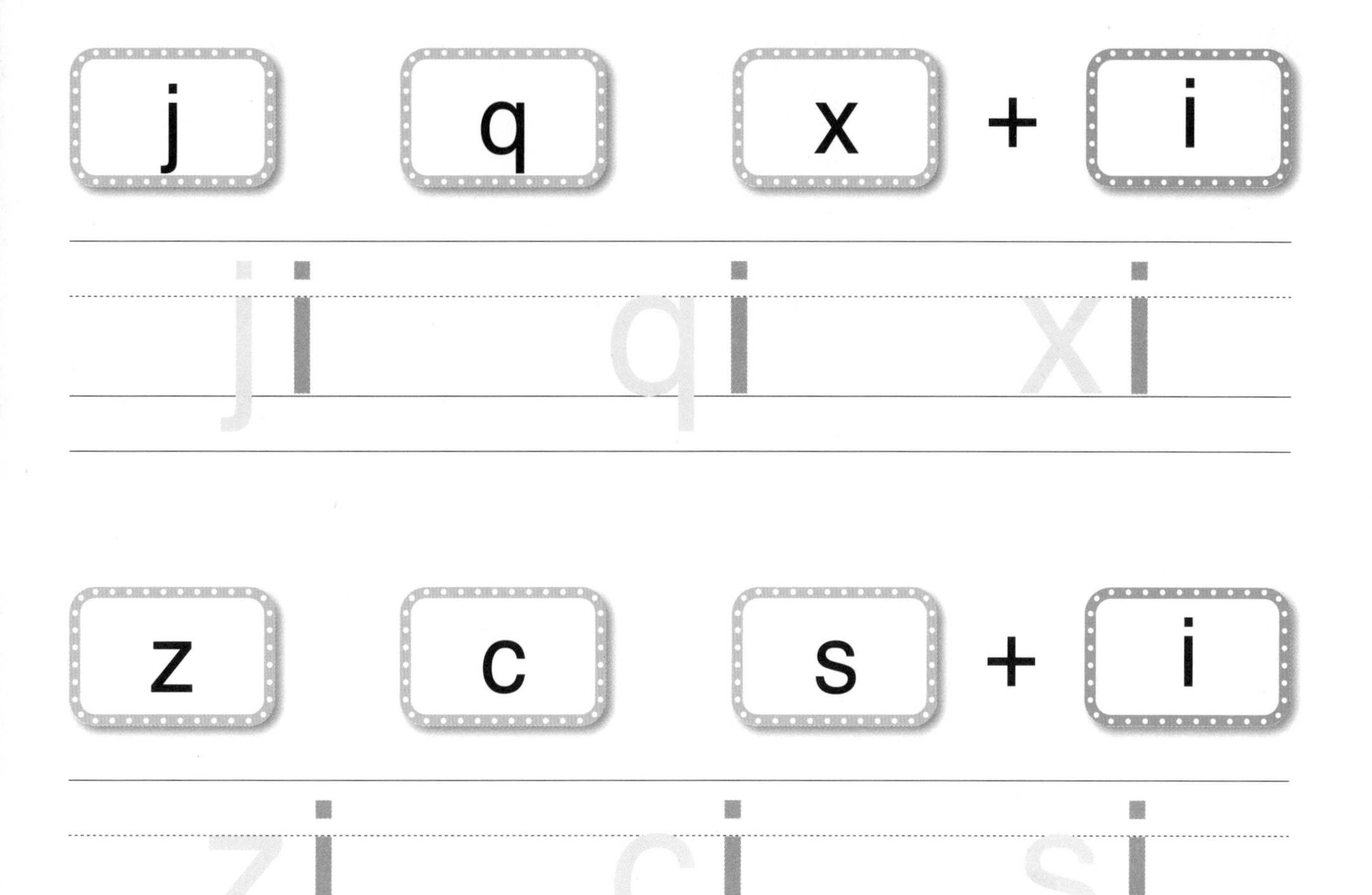

j
q
x
+
i
ji qi xi
z
c
s
+
i
zi ci si

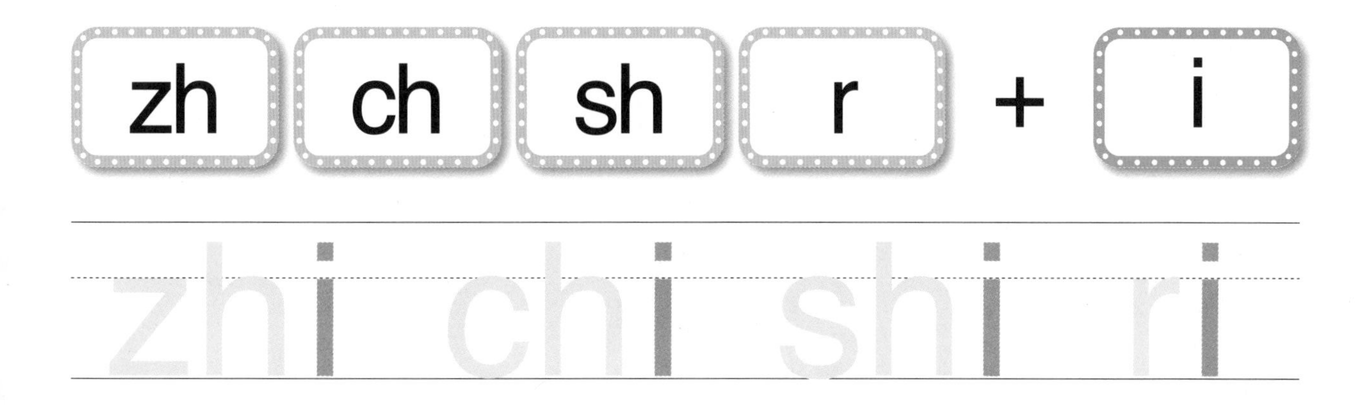

zh
ch
sh
r
+
i
zhi chi shi ri

3
M03_00
성조 모자를 써요.
성조 모자는 누가 쓸까요?

M03_01

다락이와 팡팡이가 신나게 롤러코스터를 타요.

 성조를 큰 소리로 따라 읽어 보세요.

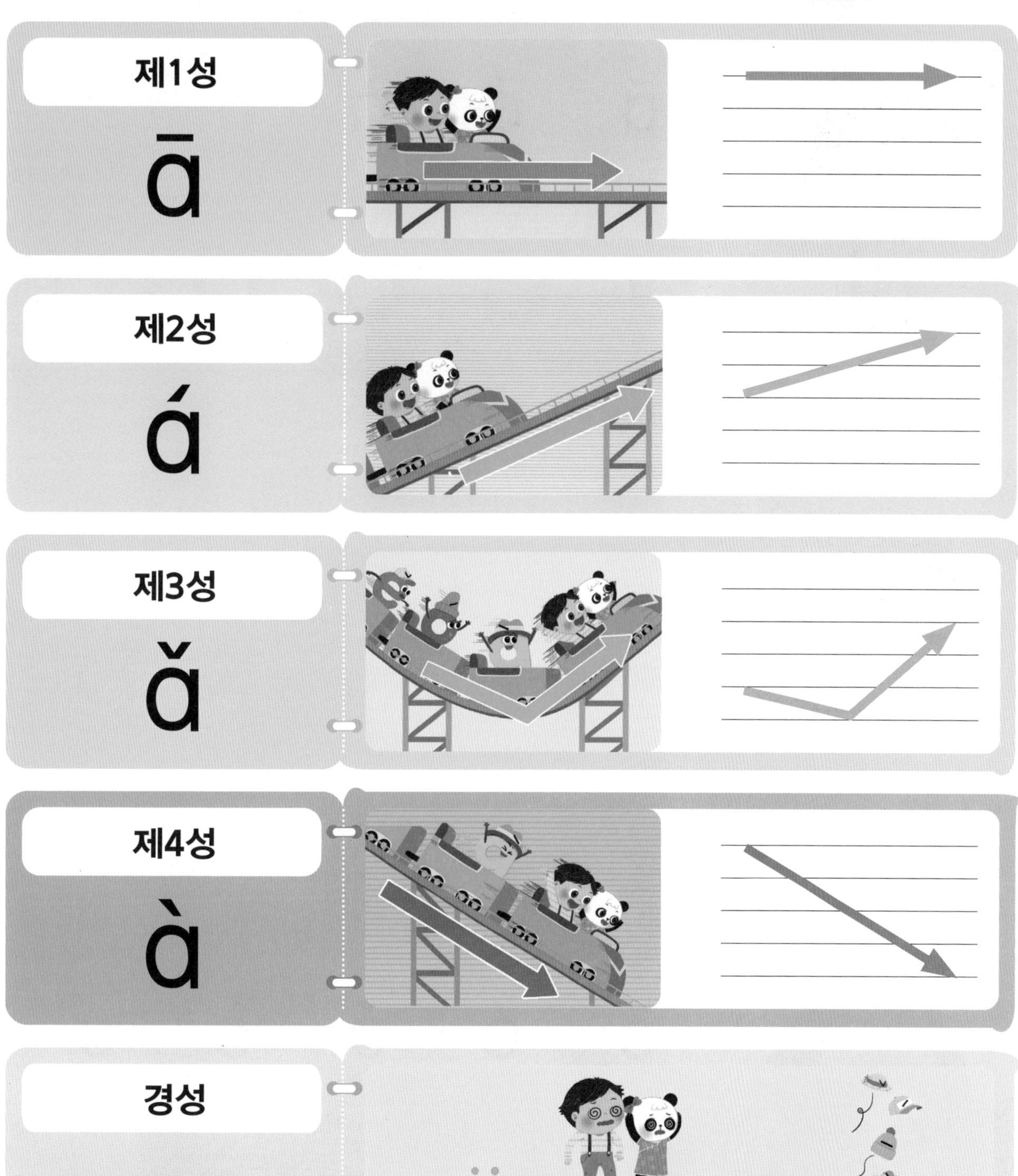

M03_03

성조를 읽으면서 써 보세요.

ā á ǎ à a

ā á ǎ à a

ō ó ǒ ò o

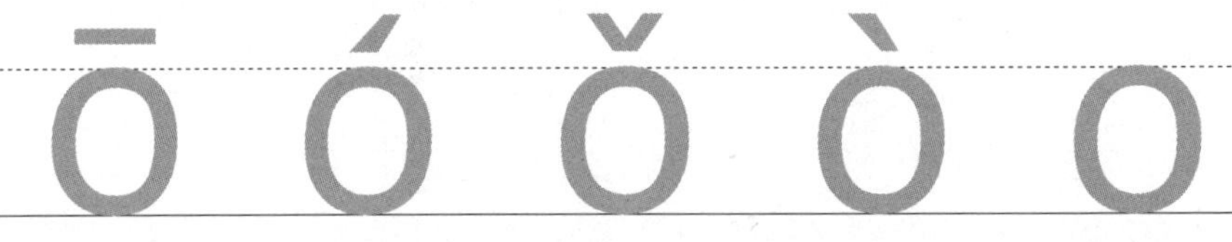

ē é ě è e

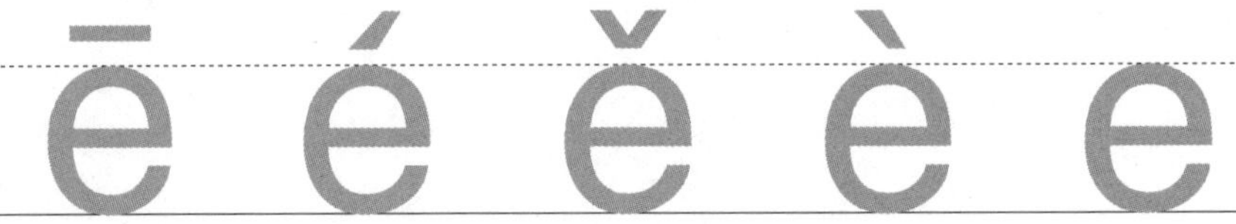

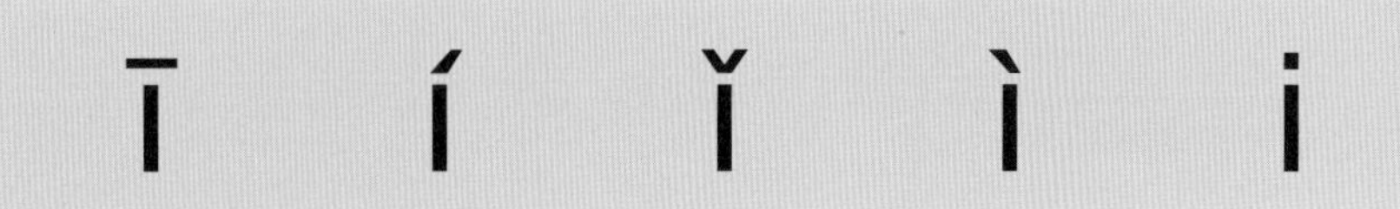

ī í ǐ ì i

운모 'i'위에 성조를 표시할 때는 'i'의 '·'을 빼고 성조를 표시해야 한답니다.

ū ú ǔ ù u

ū ú ǔ ù u

ǖ ǘ ǚ ǜ ü

ǖ ǘ ǚ ǜ ü

4
M04_00
운모를 연습해요(1)
그림 속에 숨어 있는 숫자2, 숫자3, 숫자8, 콩, 파, 강아지, 문을 찾아 보세요.

1000

M04_01

운모 'a, an, ang'을 읽고, 단어를 써 보세요.

M04_02

 운모 'ai, ao, ian'을 읽고, 단어를 써 보세요.

ai

āi　ái　ǎi　ài

kāi
열다

mǎi
사다

ao

āo　áo　ǎo　ào

māo
고양이

bào
안다

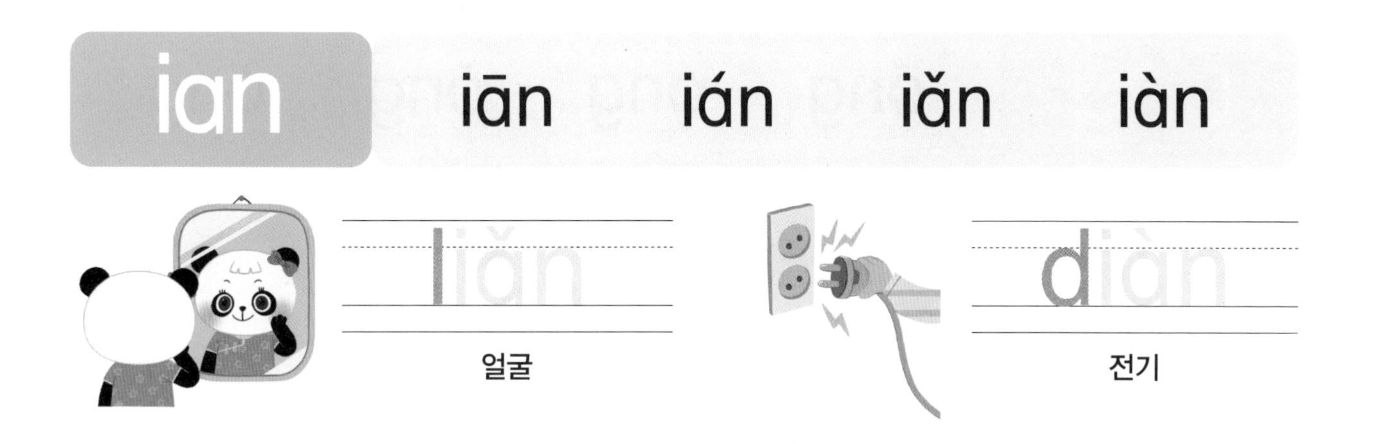

ian

iān　ián　iǎn　iàn

liǎn
얼굴

diàn
전기

M04_03

운모 'o, ou, ong'을 읽고, 단어를 써 보세요.

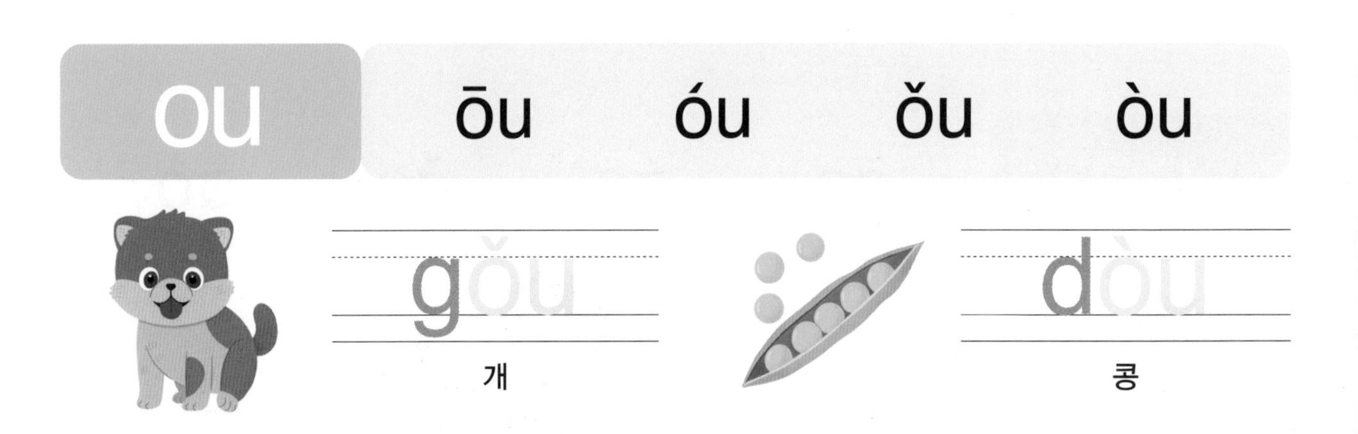

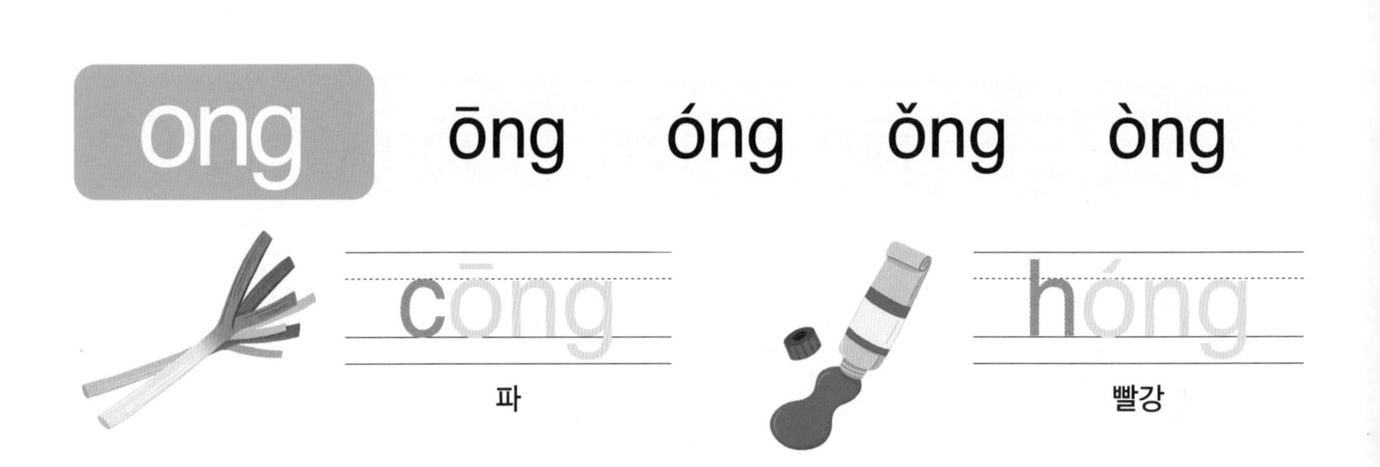

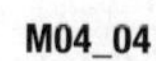

운모 'e, en, eng, er'을 읽고, 단어를 써 보세요.

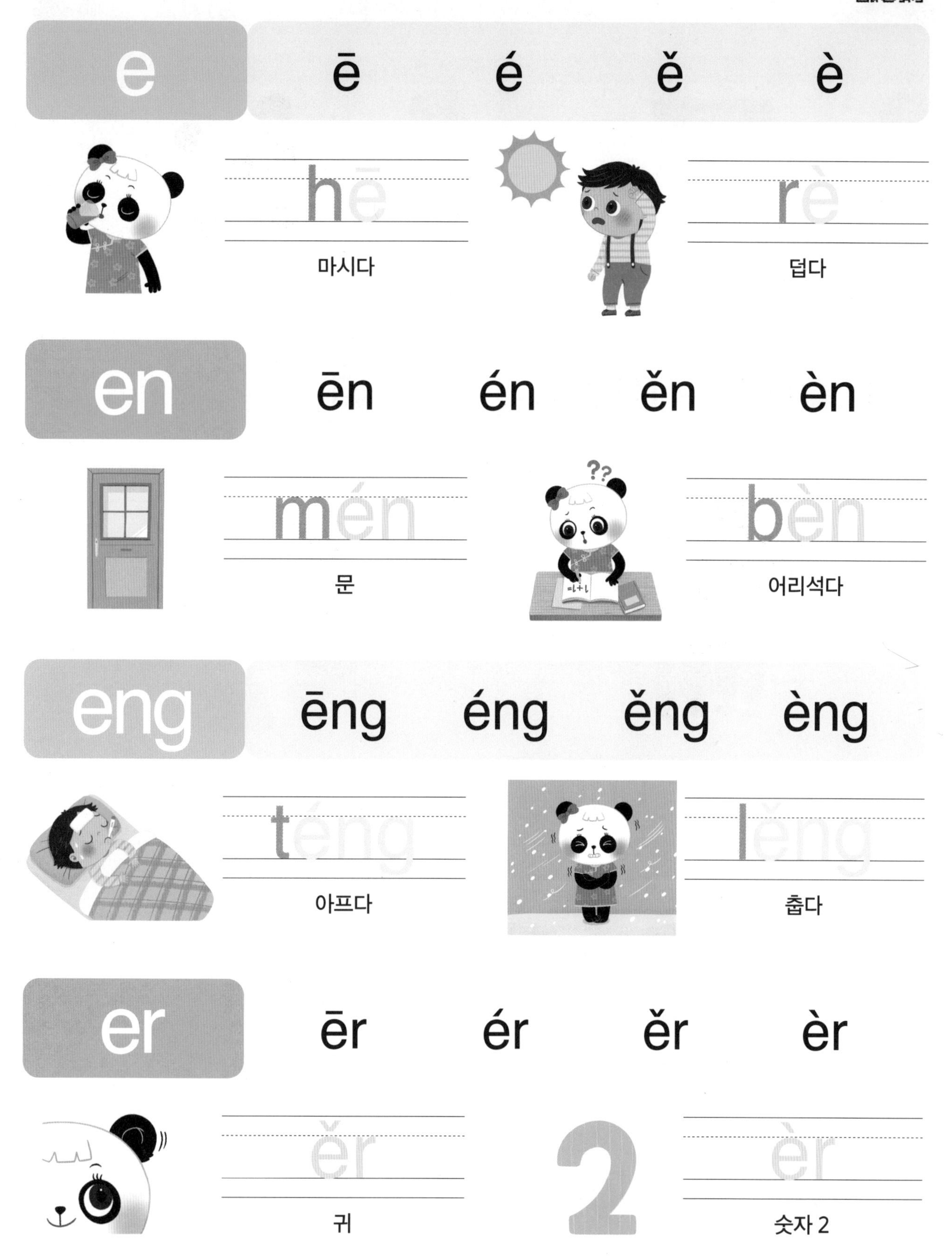

e ē é ě è

hē 마시다
rè 덥다

en ēn én ěn èn

mén 문
bèn 어리석다

eng ēng éng ěng èng

téng 아프다
lěng 춥다

er ēr ér ěr èr

ěr 귀
èr 숫자 2

M04_05

1. 녹음을 잘 듣고 그림에 알맞은 한어병음을 찾아 보세요.

1
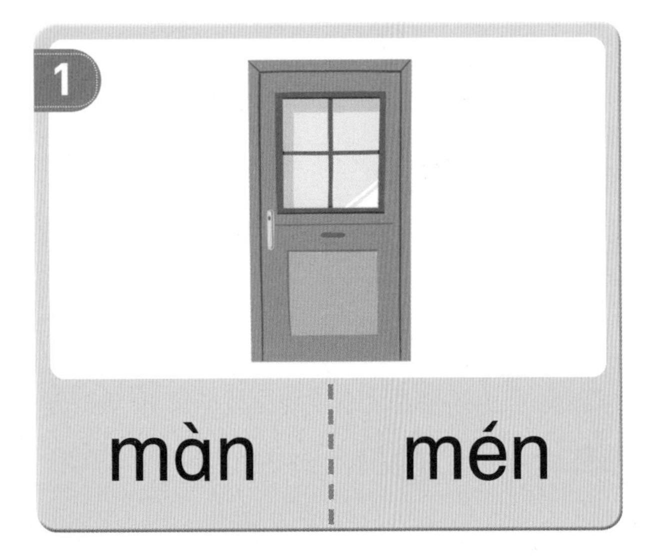

màn | mén

2
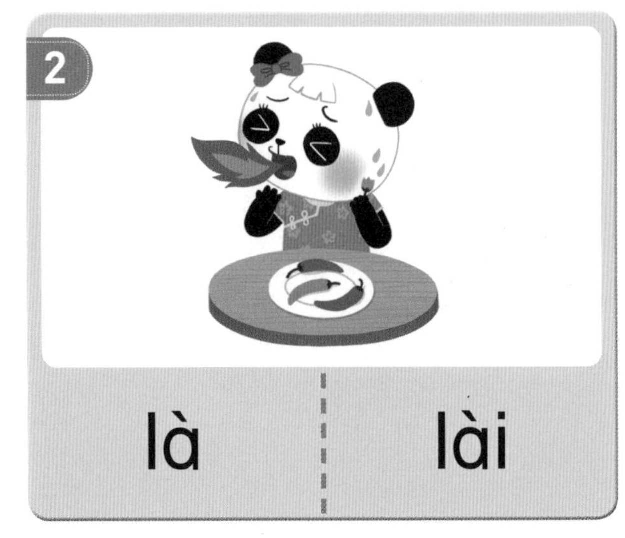

là | lài

3

báo | bào

4
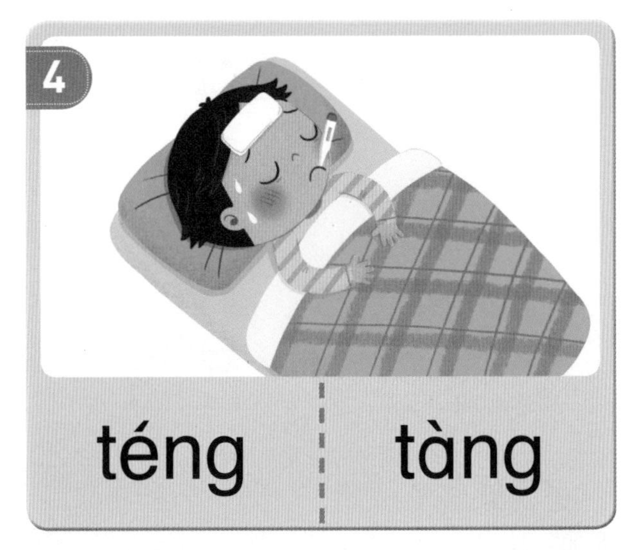

téng | tàng

5
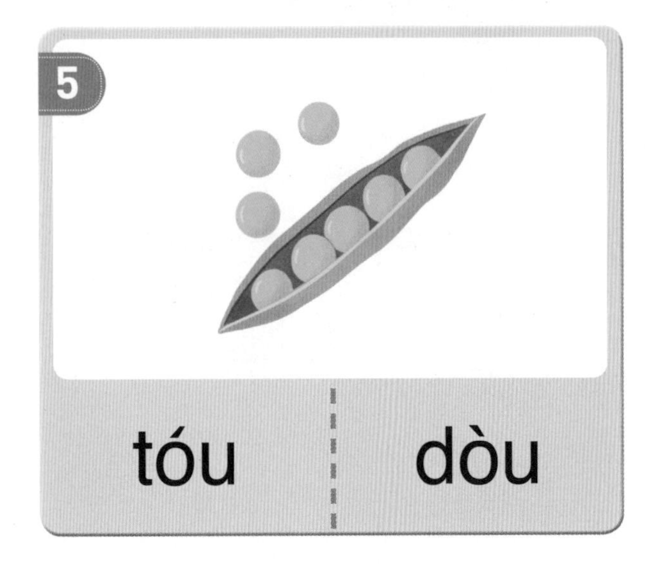

tóu | dòu

6
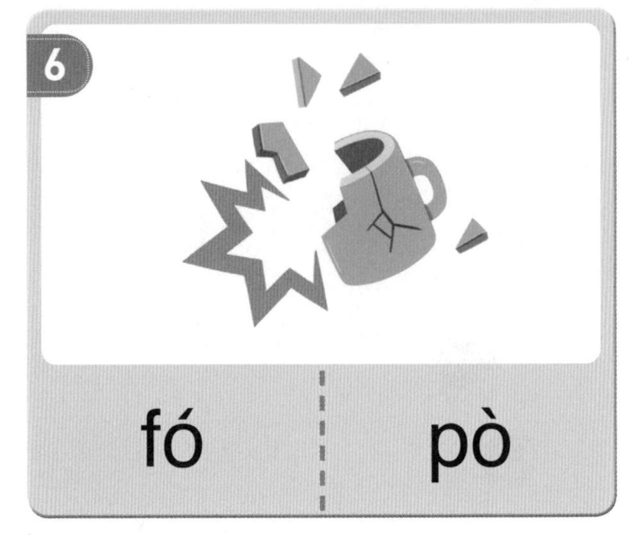

fó | pò

M04_06

2. 녹음을 잘 듣고 그림에 알맞은 한어병음을 완성해 보세요.

보기

ǎi　àn　àng　ōng　ē　ǒu

1 c

2 k

3 p

4 h

5 g

6 m

M05_00

운모를 연습해요(2)

그림 속에 숨어 있는 배(과일), 새, 다리, 연필, 소, 신발, 숫자4를 찾아 보세요.

2
1

운모 'i, in, ing'을 읽고, 단어를 써 보세요.

i　ī　í　ǐ　ì

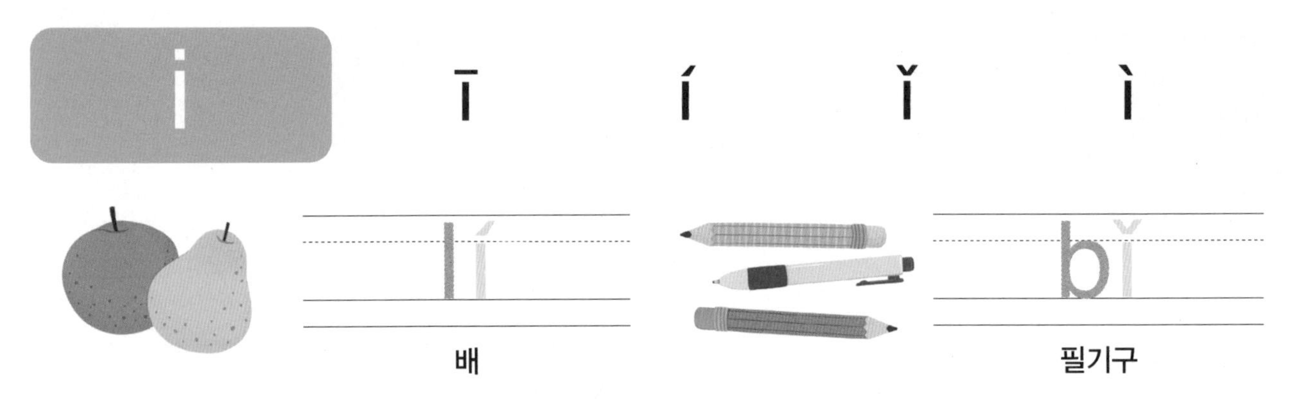

in　īn　ín　ǐn　ìn

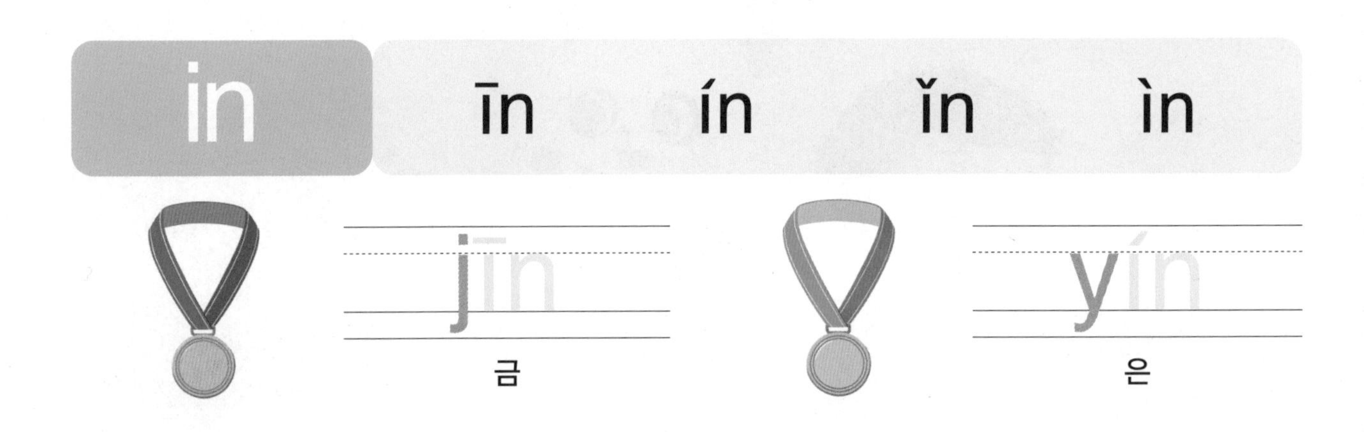

ing　īng　íng　ǐng　ìng

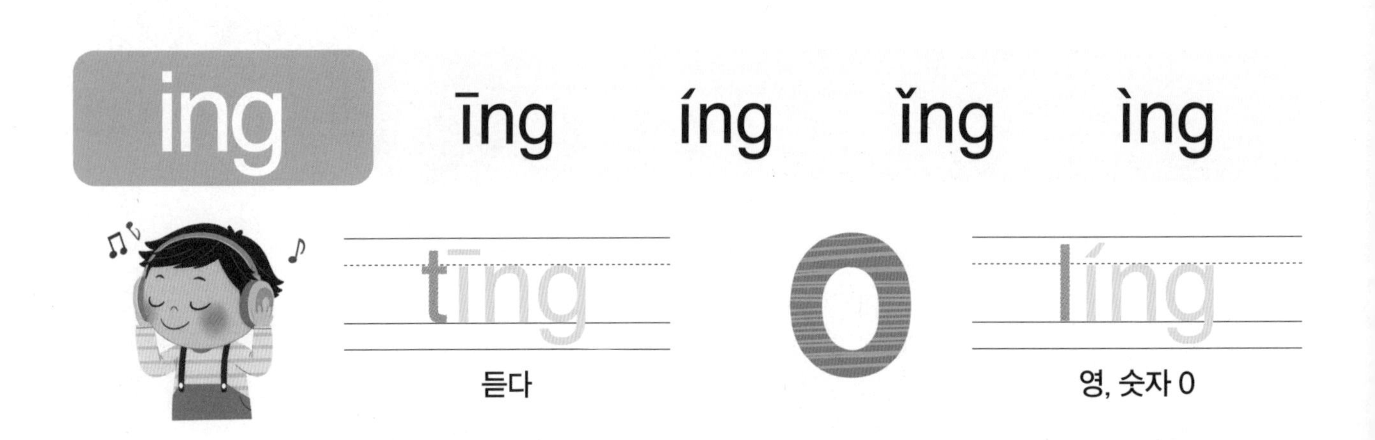

운모 'ia, iao, iang'을 읽고, 단어를 써 보세요.

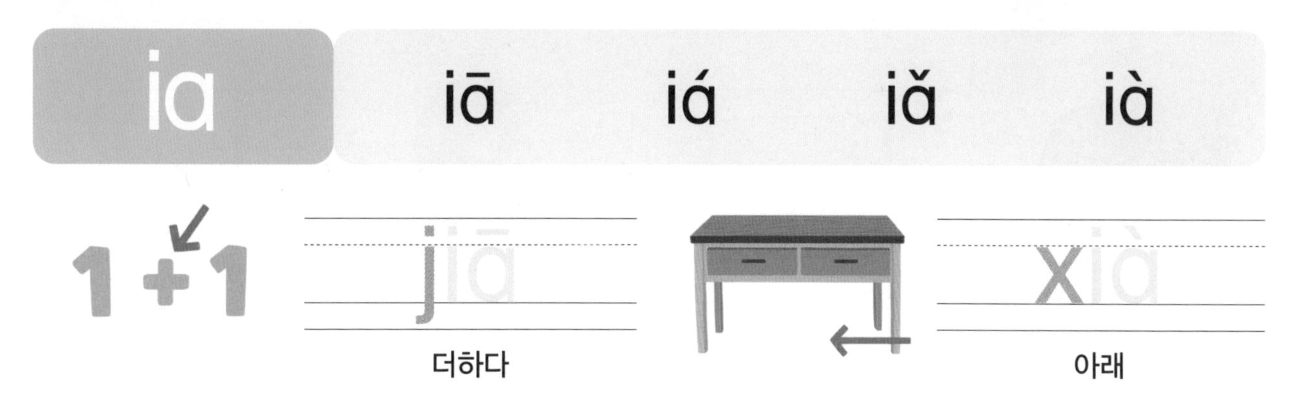

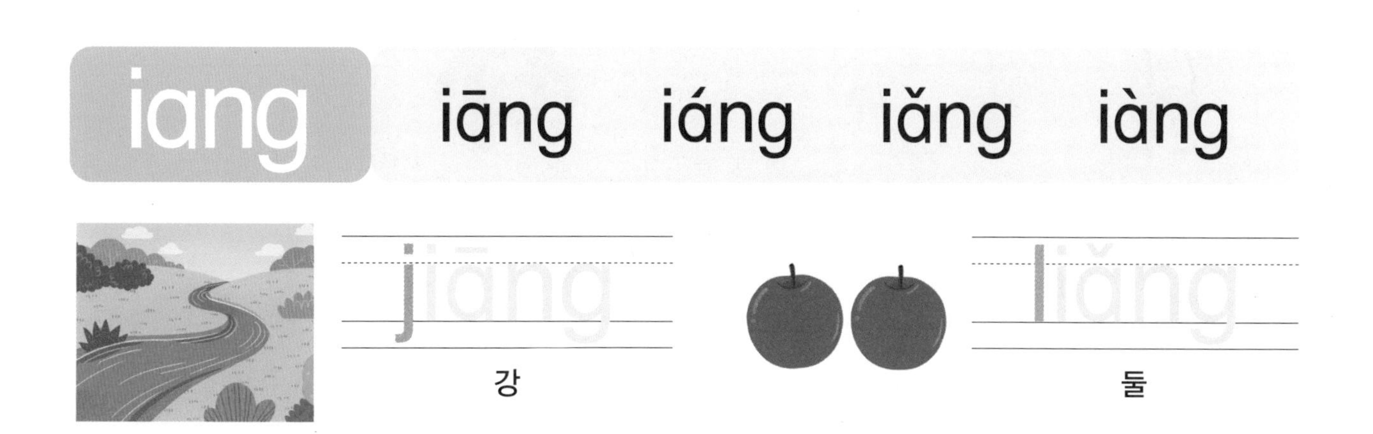

운모 'iu, ui, iong'을 읽고, 단어를 써 보세요.

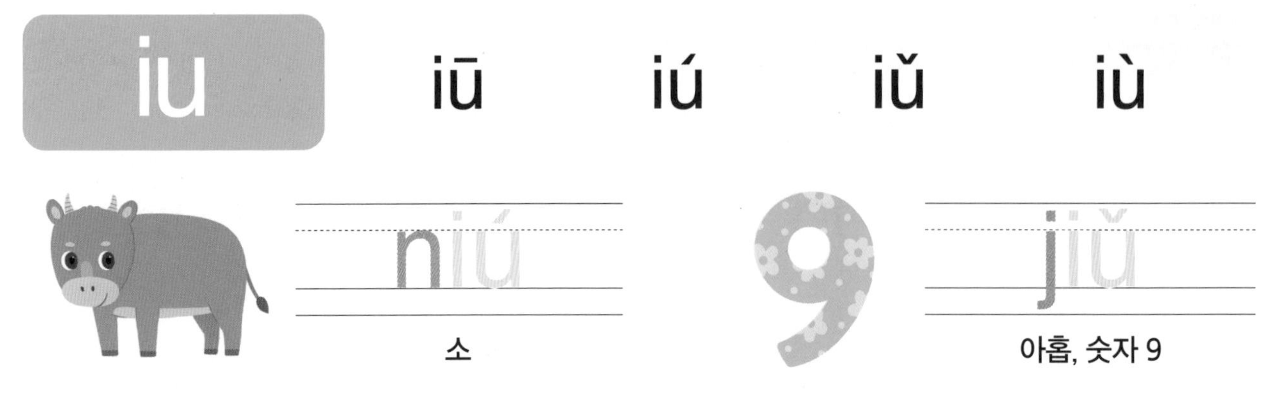

운모 i와 u는 성조 모자를 서로 양보해요.
'iu'는 'u'가, 'ui'는 'i'가 성조 모자를 쓴답니다.

M05_04

운모 'ei, ie, *i'을 읽고, 단어를 써 보세요.

ei ēi éi ěi èi

hēi 검정

běi 북쪽

ie iē ié iě iè

xié 신발

miè 불을 끄다

원래 운모 i는 '이' 소리가 나지만, 성모 s, c, z, sh, ch, zh, r과 만나면 '으'하고 소리내야 해요.

***i** ī í ǐ ì

sì 넷, 숫자 4

zhǐ 종이

chī 먹다

shí 열, 숫자 10

1. 녹음을 잘 듣고 그림에 알맞은 한어병음을 찾아 보세요.

M05_05

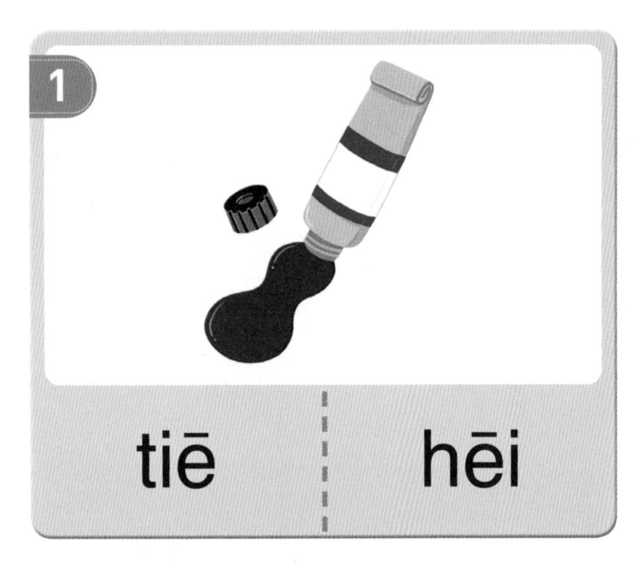

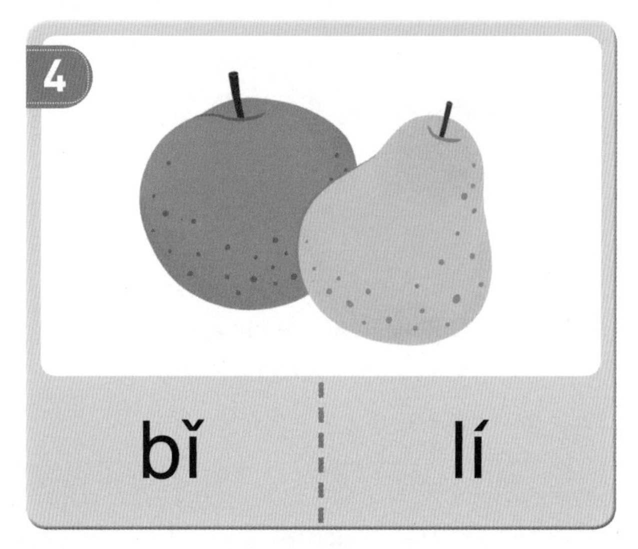

M05_06

2. 녹음을 잘 듣고 그림에 알맞은 한어병음을 완성해 보세요.

보기

íng uī iáo ióng iāng ié

1

j

2

l

3

q

4

x

5

ch

6

x

M06_00

6 운모를 연습해요(3)

그림 속에 숨어 있는 책, 꽃, 배, 바퀴, 달, 불, 치마를 찾아 보세요.

M06_01

운모 'u, uo, uai'를 읽고, 단어를 써 보세요.

u　ū　ú　ǔ　ù

shū
책

dú
읽다

uo　uō　uó　uǒ　uò

huǒ
불

zuò
앉다

uai　uāi　uái　uǎi　uài

guāi
착하다

shuài
멋지다

M06_02

 운모 'ua, uan, uang'을 읽고, 단어를 써 보세요.

ua uā uá uǎ uà

huā
꽃

huà
그림, 그리다

uan uān uán uǎn uàn

chuán
배

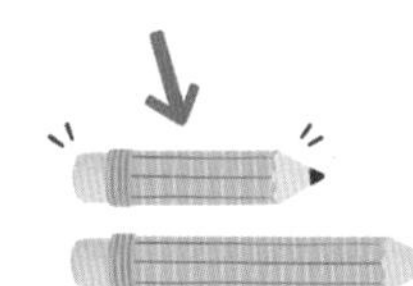

duǎn
짧다

uang uāng uáng uǎng uàng

chuáng
침대

zhuàng
부딪치다

M06_03

운모 'un, ü'를 읽고, 단어를 써 보세요.

운모 'ü'를 자세히 살펴볼까요? 성모 'n, l'과 만나면 'ü'의 모양이 변하지 않아요.
그런데 성모 'j, q, x'와 'ㅇ[이응]' 소리가 나는 'y'와 만나면 'ü' 위에 있는 '··'이 투명하게 변해요!

M06_04

운모 'üe, ün, üan'을 읽고, 단어를 써 보세요.

M06_05

1. 녹음을 잘 듣고 그림에 알맞은 한어병음을 찾아 보세요.

1

shuāng | chuáng

2

kùn | gŭn

3

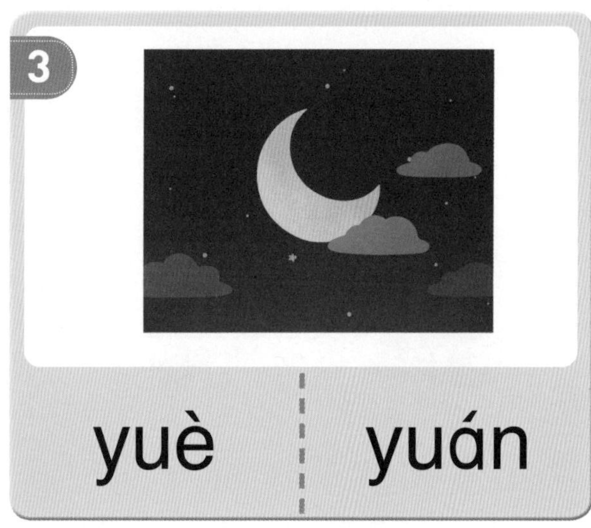

yuè | yuán

4

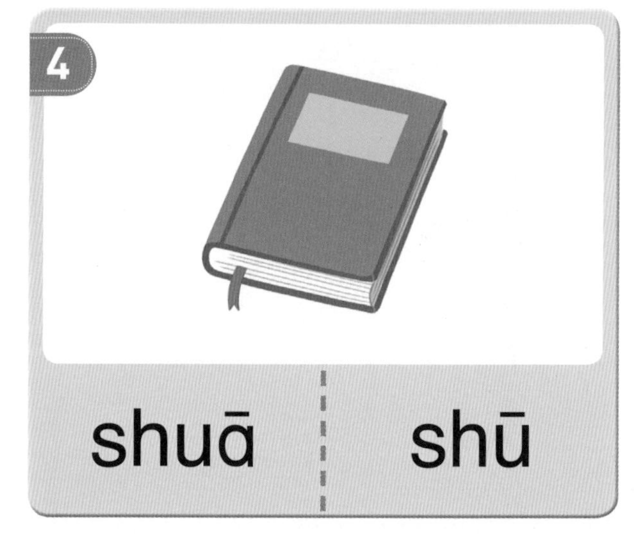

shuā | shū

5

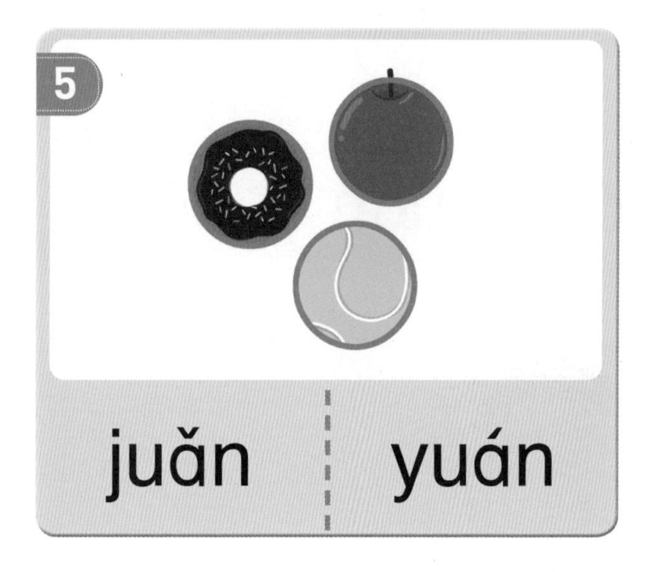

juăn | yuán

6

qù | cū

M06_06

2. 녹음을 잘 듣고 그림에 알맞은 한어병음을 완성해 보세요.

보기

ún　uài　uàng　uǎn　uě　uǒ

1

x

2

zh

3

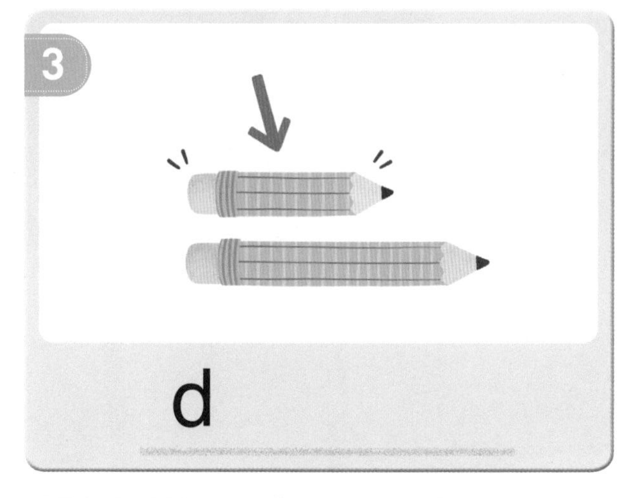

d

4

l

5

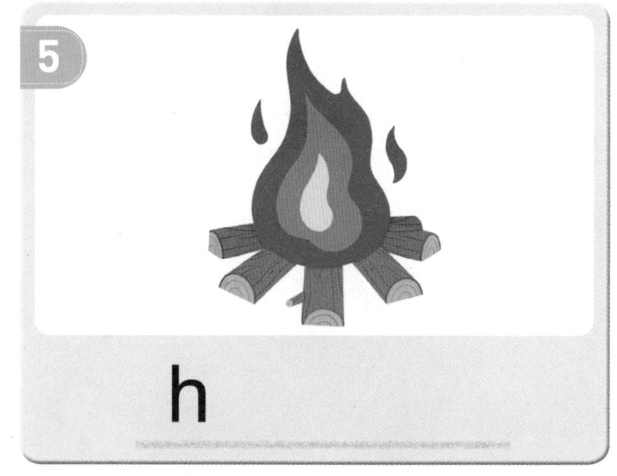

h

6

sh

M07_00

7 성모를 연습해요(1)

그림 속에 숨어 있는 우유, 병, 쌀(벼), 밥그릇, 용, 파인애플, 연필꽂이를 찾아 보세요.

M07_01

성모 'b, p, m, f'를 읽고, 단어를 써 보세요.

b bō bó bǒ bò

bāo 가방

bǎi 일백, 100

p pō pó pǒ pò

píng 병

pà 무서워하다

m mō mó mǒ mò

màn 느리다

mǐ 쌀

f fō fó fǒ fò

fēi 날다

fēng 바람

 성모 'd, t, n, l'를 읽고, 단어를 써 보세요.

d

dē dé dě dè

děng
기다리다

dà
크다

t

tē té tě tè

tián
달다

tuǐ
다리

n

nē né ně nè

nán
남자

niào
오줌 누다

l

lē lé lě lè

lā
잡아당기다

lóng
용

다음 단어를 읽으면서 써 보세요.

M07_03

얼룩말

bānmǎ bānmǎ

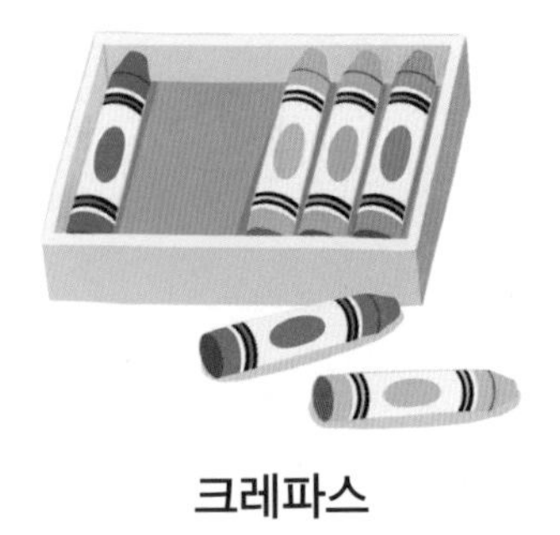

크레파스

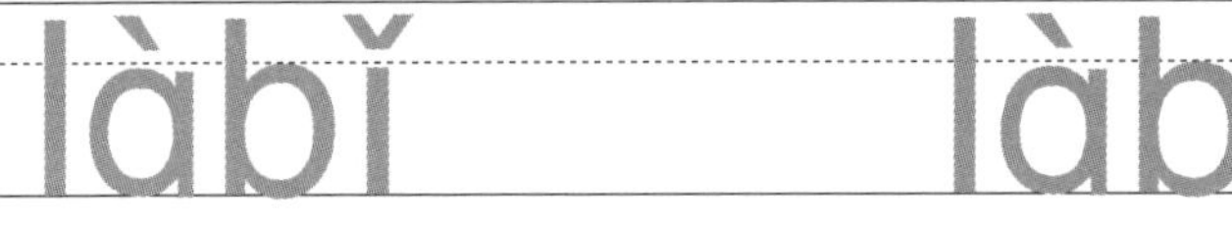

빵

miàn + bāo

miànbāo miànbāo

우유

niú + nǎi

niúnǎi niúnǎi

파인애플

bō + luó

bōluó bōluó

쌀밥

mǐ + fàn

mǐfàn mǐfàn

연필꽂이

bǐ + tǒng

bǐtǒng bǐtǒng

컴퓨터

diàn + nǎo

diànnǎo diànnǎo

M07_04

1. 녹음을 잘 듣고 그림에 알맞은 한어병음을 찾아 보세요.

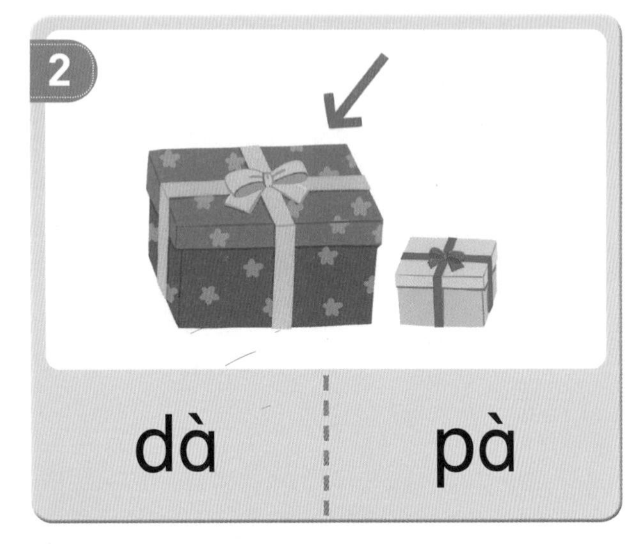

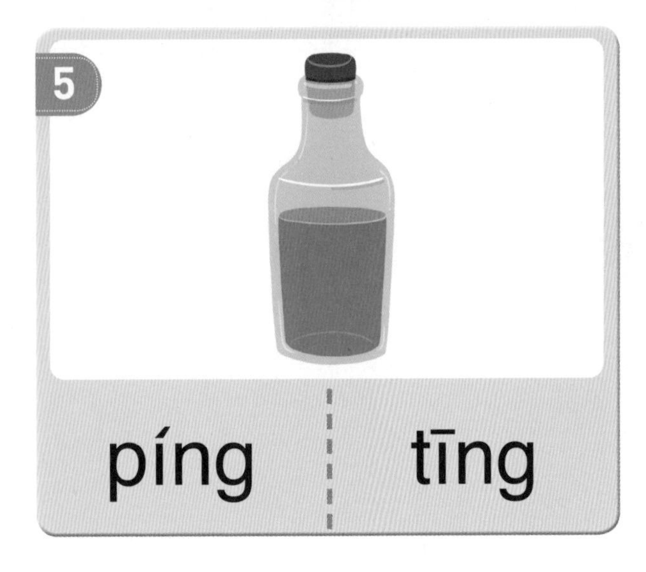

M07_05

2. 사다리를 타고 가 그림과 일치하는 한어병음을 써 보세요.

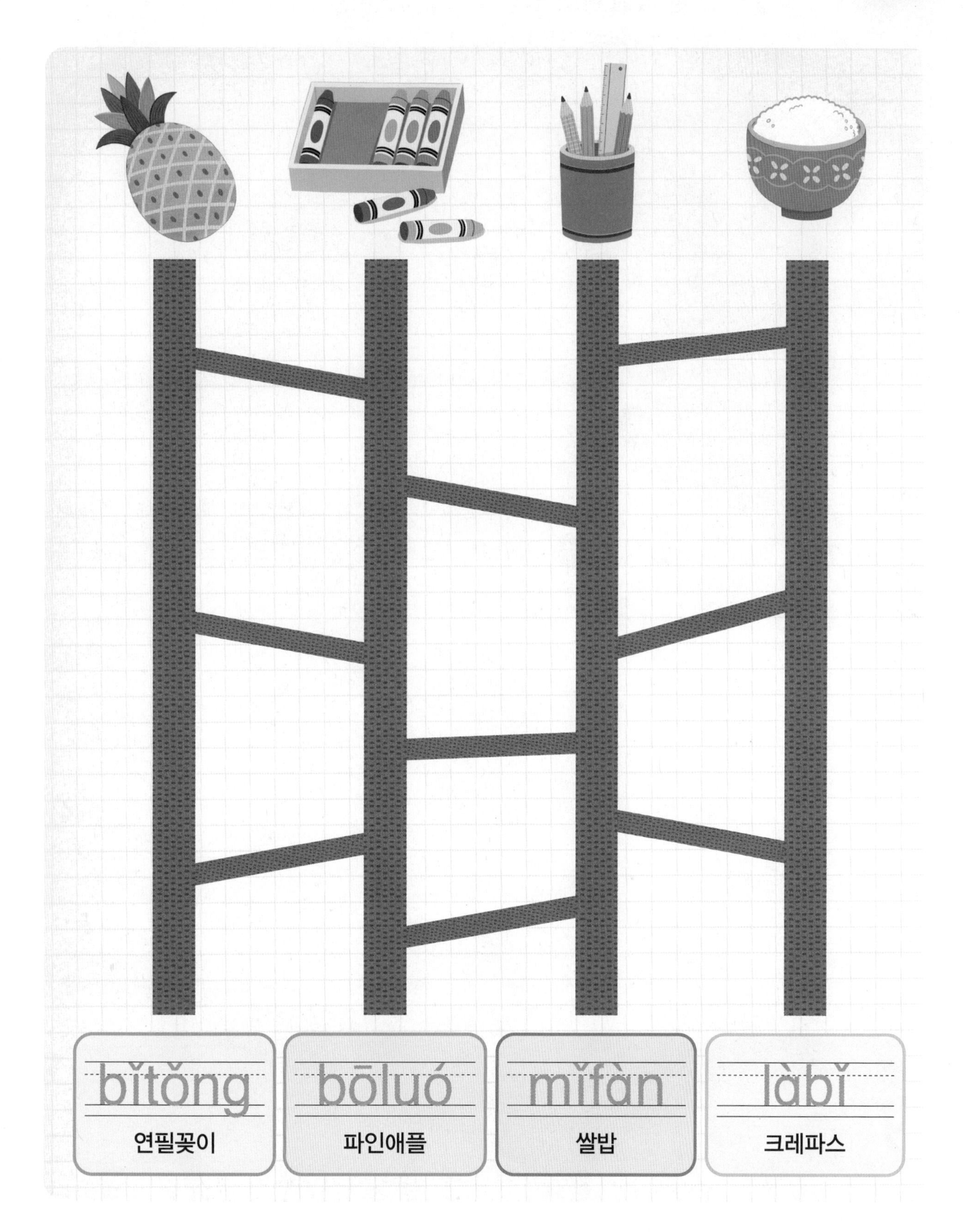

M08_00

8 성모를 연습해요(2)

그림 속에 숨어 있는 공, 닭, 집, 유령, 바나나, 수박, 하트를 찾아 보세요.

M08_01

성모 'g, k, h'를 읽고, 단어를 써 보세요.

M08_02

성모 'j, q, x'를 읽고, 단어를 써 보세요.

j　jī　jí　jǐ　jì

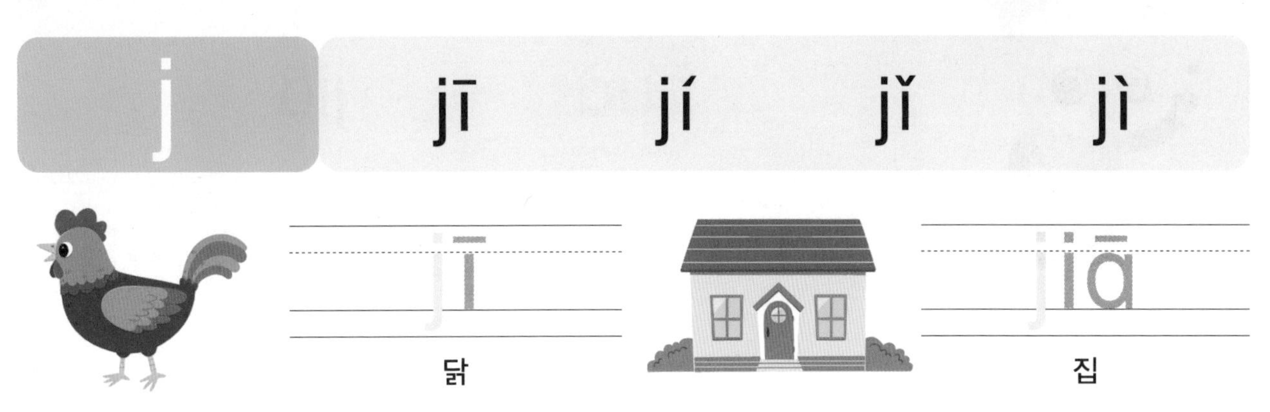

jī
닭

jiā
집

q　qī　qí　qǐ　qì

qiān
일천, 1000

qiú
공

x　xī　xí　xǐ　xì

xué
배우다

xiě
쓰다

다음 단어를 읽으면서 써 보세요.

M08_03

화가

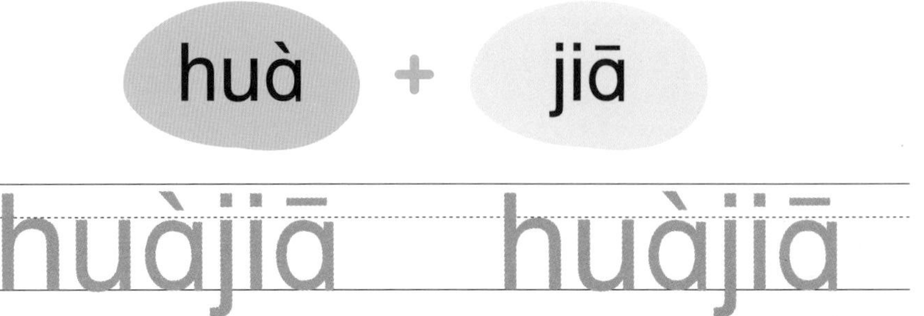

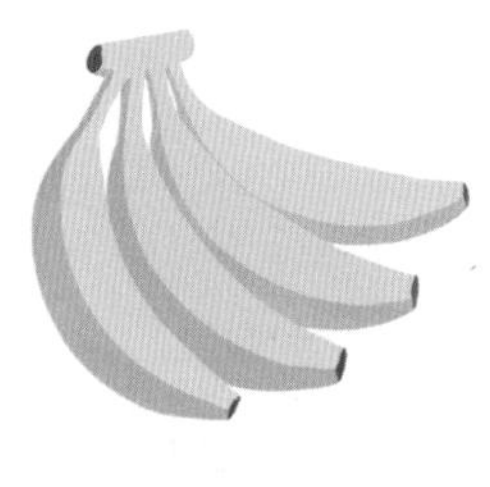

바나나

xiāngjiāo xiāngjiāo

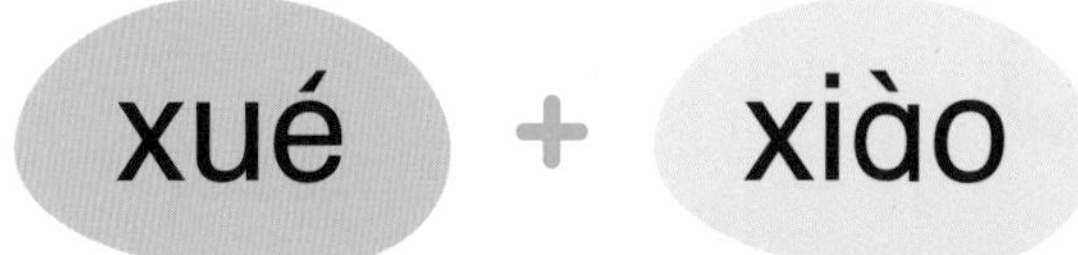

학교

xuéxiào xuéxiào

과학

kēxué kēxué

수박

xī + guā

xīguā xīguā

하트

xīn + xíng

xīnxíng xīnxíng

공부하다

xué + xí

xuéxí xuéxí

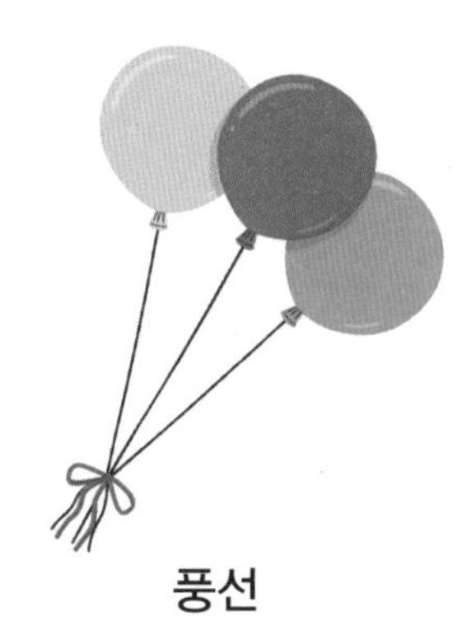
풍선

qì + qiú

qìqiú qìqiú

1. 녹음을 잘 듣고 그림에 알맞은 한어병음을 찾아 보세요.

M08_04

1
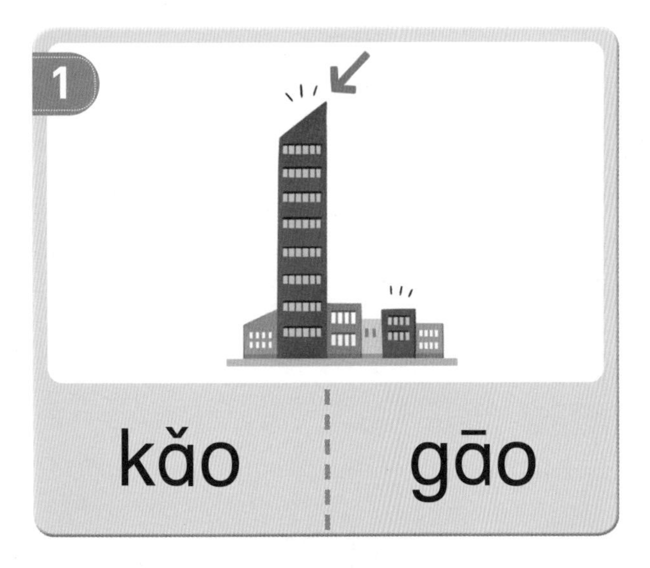

kǎo | gāo

2

guǐ | guì

3

jiā | jiǎn

4

kǎo | kū

5
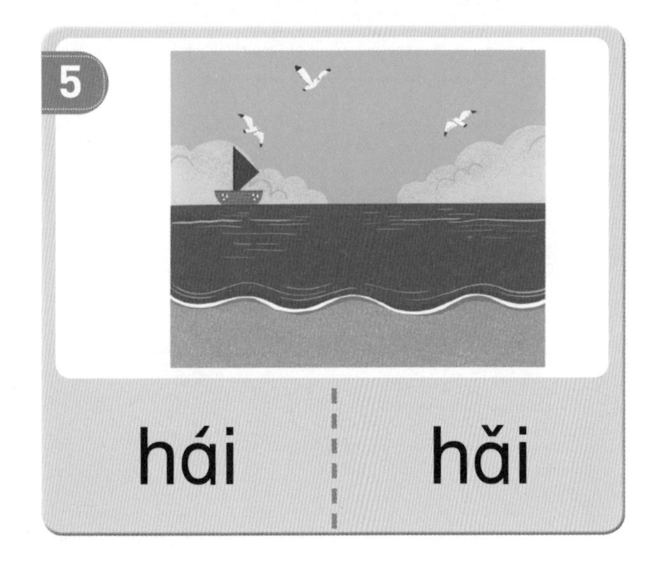

hái | hǎi

6
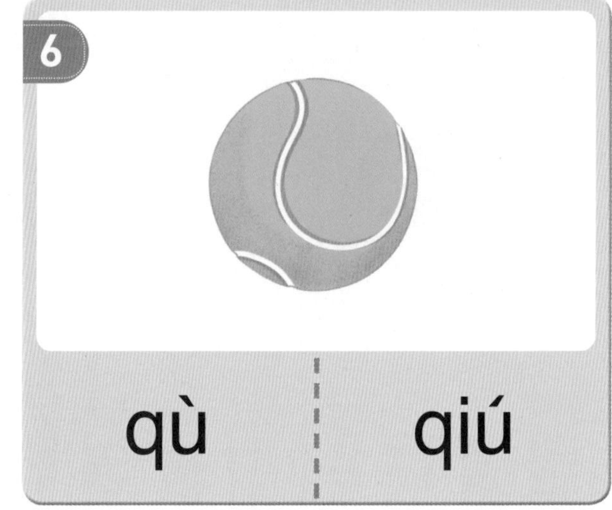

qù | qiú

M08_05

2. 사다리를 타고 가 그림과 일치하는 한어병음을 써 보세요.

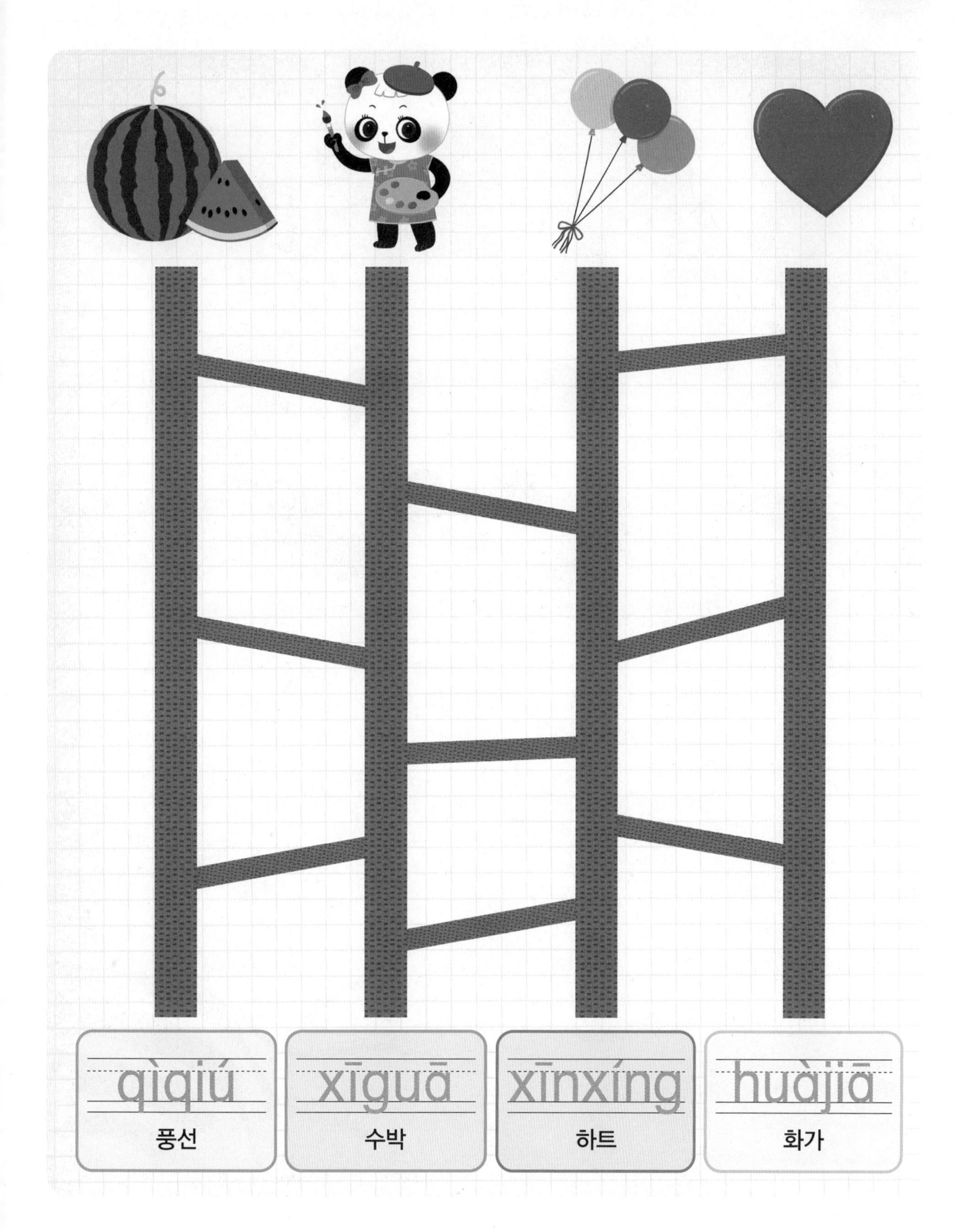

M09_00

9 성모를 연습해요(3)

그림 속에 숨어있는 자, 우산, 자동차, 감, 고기, 산, 풀을 찾아 보세요.

M09_01

성모 'z, c, s'를 읽고, 단어를 써 보세요.

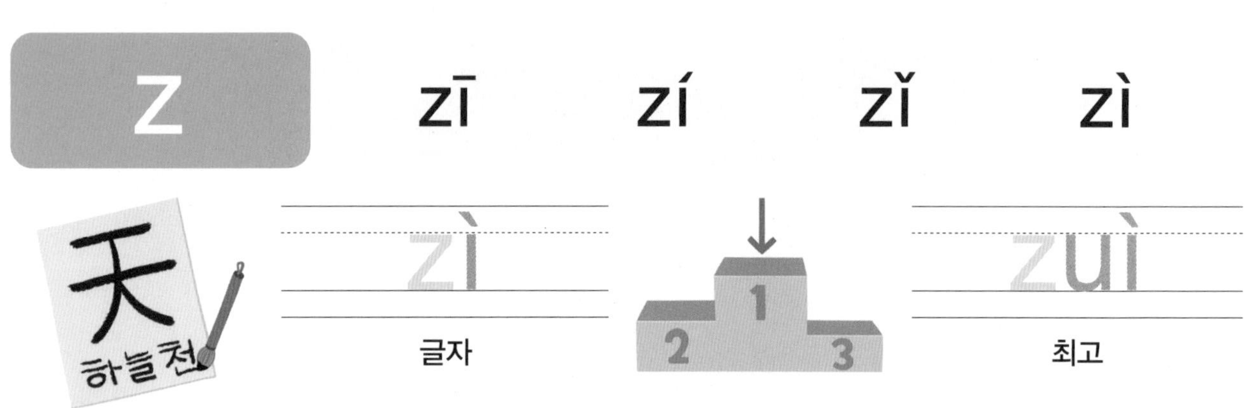

M09_02

 성모 'zh, ch, sh, r'를 읽고, 단어를 써 보세요.

zh zhī zhí zhǐ zhì

zhū 돼지

zhǎo 찾다

ch chī chí chǐ chì

chē 자동차

chàng 노래하다

sh shī shí shǐ shì

shān 산

shǒu 손

r rī rí rǐ rì

rén 사람

ròu 고기

다음 단어를 읽으면서 써 보세요.

사자

shī + zi

shīzi shīzi

감

shì + zi

shìzi shìzi

요리사

chú + shī

chúshī chúshī

자

chǐ + zi

chǐzi chǐzi

생일

shēng + rì

shēngrì shēngrì

책상

zhuō + zi

zhuōzi zhuōzi

거미

zhī + zhū

zhīzhū zhīzhū

다람쥐

sōng + shǔ

sōngshǔ sōngshǔ

M09_04

1. 녹음을 잘 듣고 그림에 알맞은 한어병음을 찾아 보세요.

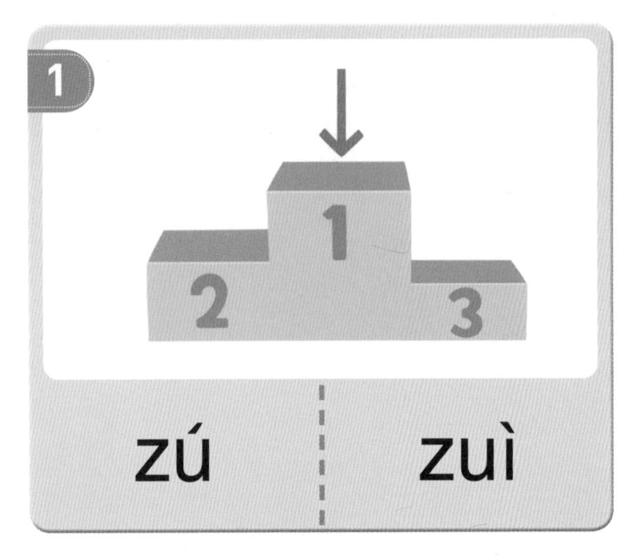

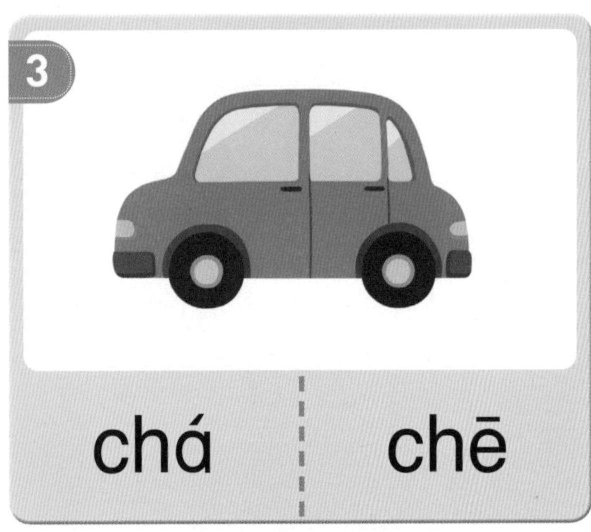

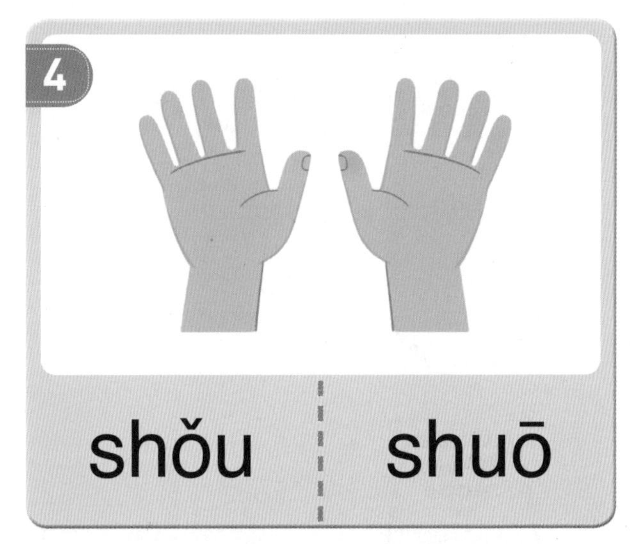

M09_05

2. 사다리를 타고 가 그림과 일치하는 한어병음을 써 보세요.

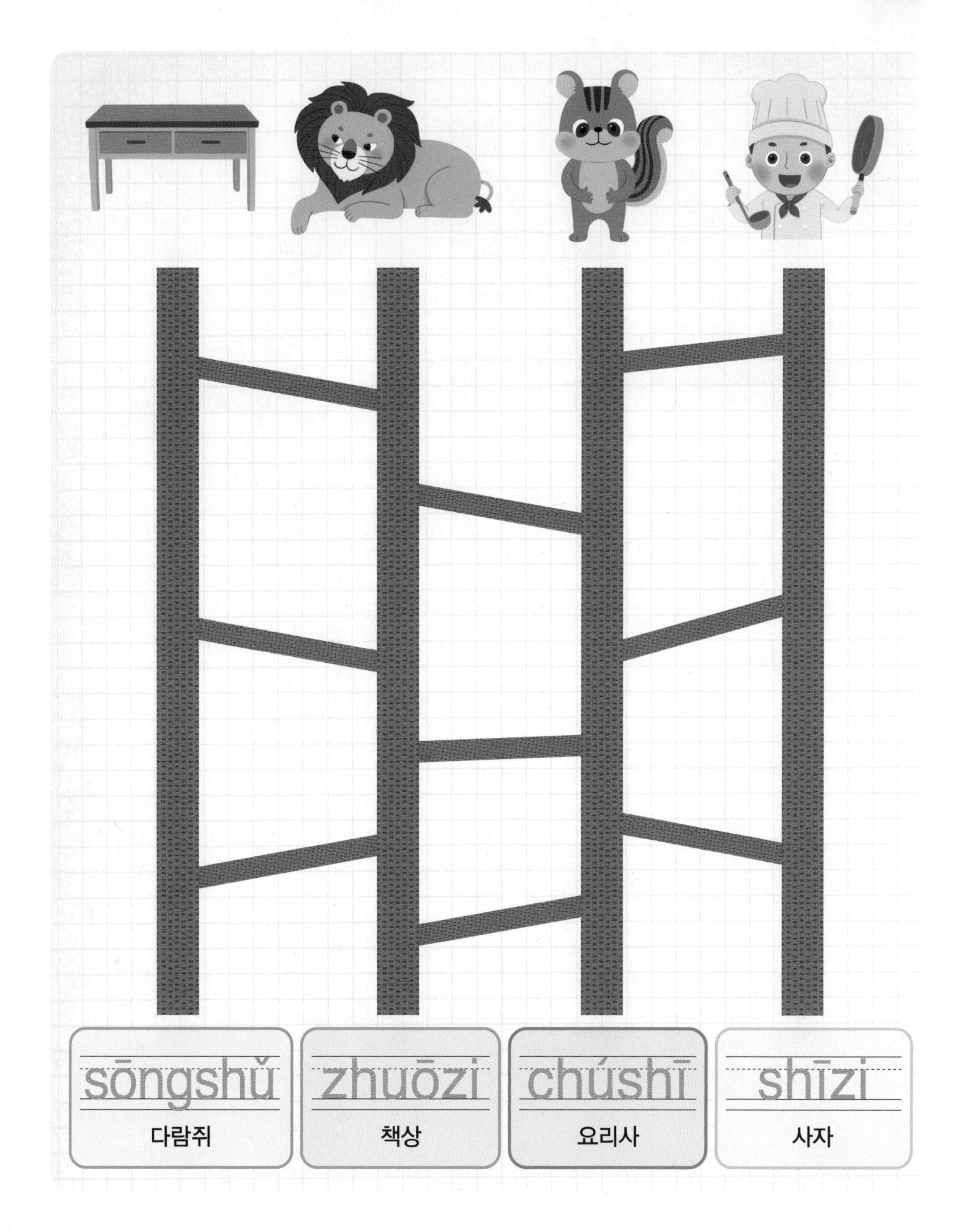

M10_00

10 도전! 자신 있게 발음해요.

그림을 보고 그동안 배웠던 단어를 모두 찾아 말해 보세요.

쿵짝 쿵짝 노래 하기!

과일 이름 챈트를 불러요.

시장에 가면 어떤 과일이 있을까?

시장에 가면 🍎 **도 있고** píngguǒ ×5

시장에 가면 🍊 **도 있고** shìzi ×5

시장에 가면 🍉 **도 있지!** xīguā ×5

시장에 가면 어떤 과일이 있을까?

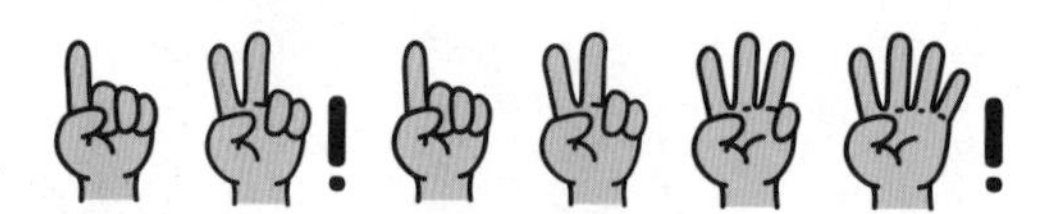

시장에 가면 🍇 **도 있고** pútao ×5

시장에 가면 🍍 **도 있고** bōluó ×5

시장에 가면 🍓 **도 있지!** cǎoméi ×5

탕후루 과일꼬치 만들기 | 활동지 129쪽

탕후루는 베이징의 대표적인 전통 간식으로, 명자나무 또는 산사나무 열매를 물엿에 묻힌 간식이에요. 요즘에는 다양한 과일로 탕후루를 만들기도 하지요. 오늘은 종이 과일을 오려 탕후루를 만들어 봅시다.

❶ 정말 다양한 과일이 있네요. 과일의 이름을 다시 한 번 큰 소리로 읽어 볼까요?

❷ 활동지에 있는 과일 이름을 따라 쓰세요.

❸ 과일 모양을 가위로 예쁘게 자르세요.

❹ 빨대나 나무젓가락에 자기가 좋아하는 과일 모양 종이를 반으로 접어 붙이세요.

❺ 여러 과일 그림을 붙여 탕후루 과일꼬치를 완성합니다.

활동 Tip

앞에서 배웠던 과일단어를 기억하고 있나요?
감, 수박, 파인애플 그리고 새로운 단어도 추가되었네요. 과일의 이름을 중국어로 말하면서 달콤한 과일 탕후루를 완성해보세요!

쿵짝 쿵짝 노래 하기!

동물 이름 챈트를 불러요.

M10_02

동물원에 가면 어떤 동물이 있을까?

동물원에 가면 도 있고 shīzi ×5

동물원에 가면 도 있고 lǎohǔ ×5

동물원에 가면 도 있지! dàxiàng ×5

동물원에 가면 어떤 동물이 있을까?

동물원에 가면 도 있고 sōngshǔ ×5

동물원에 가면 도 있고 xióngmāo ×5

동물원에 가면 도 있을까? lóng ×5

아코디언 용 만들기 | 활동지 131쪽

옛날 사람들은 용을 바람과 구름, 비, 번개를 지휘하며 하늘을 관장하는 동물로 생각했지요. 특히 중국 사람들은 용을 중국을 상징하는 동물로 생각해 왔어요. 그래서 황제를 용에 비유하기도 하고, 설날과 같은 명절에 용 모양 탈을 쓰거나 들고 춤을 추기도 해요.
오늘은 아코디언 몸통을 가진 용을 만들어 봅시다.

준비물 : 용의 머리와 꼬리 그림, 색지, 색연필, 나무젓가락, 풀, 가위

❶ 다양한 색을 칠해 자신이 생각하는 용의 모습을 표현해 보세요.
❷ 용의 머리와 꼬리를 가위로 예쁘게 자르세요.
❸ 색지를 계단식으로 접어 용의 몸통을 만들어 보세요.
여러 장의 종이를 이어 붙여 몸통을 길게 만들 수도 있어요.
❹ 색지의 양쪽 끝에 머리와 꼬리를 붙이세요.
❺ 머리와 꼬리 뒷부분에 나무젓가락이나 빨대를 붙여 완성합니다.

활동 Tip

앞에서 배웠던 색깔단어를 기억하고 있나요?
빨강, 노랑, 초록, 검정, 그리고 금색과 은색을 중국어로 말해보고, 용의 몸통을 알록달록 멋지게 만들어 보세요!

쿵짝 쿵짝 노래 하기!

❀ 나라 이름 챈트를 불러요.

M10_03

비행기를 타고 여행을 가 볼까?

비행기를 타고 [베트남 국기] **에 가자!** Yuènán ×5

비행기를 타고 [미국 국기] **에 가자!** Měiguó ×5

비행기를 타고 [중국 국기] **에 가자!** Zhōngguó ×5

비행기를 타고 여행을 가 볼까?

비행기를 타고 [일본 국기] **에 가자!** Rìběn ×5

비행기를 타고 [프랑스 국기] **에 가자!** Fǎguó ×5

비행기를 타고 [태극기] **에 도착했네!** Hánguó ×5

 육각형 단어딱지 만들기 | 활동지 133쪽

우리가 사는 지구에는 여러 나라가 있어요. 가까운 이웃나라 중국과 일본을 비롯해 저 멀리 바다 건너 미국과 브라질, 영국과 프랑스 등 다양한 나라가 있어요. 세계 각 나라의 이름을 중국어로 배우고 육각형 딱지를 만들어 익혀 봅시다.

준비물 : 색연필, 가위, 풀

❶ 여러 나라의 이름을 다시 한 번 큰 소리로 읽어 볼까요?

❷ 나라 이름을 따라 쓰세요.

❸ 동그란 부분을 순서대로 가운데로 향하게 접어 단어딱지를 완성합니다.

활동 Tip

나라 이름 뒤에 사람을 뜻하는 rén을 더하면 '○○사람'이라는 표현이에요.
한국사람은 Hánguó + rén이 되겠죠? 여섯 개 국가와 사람을 중국어로 말하면서 단어딱지를 완성해 보세요!

쿵짝 쿵짝 노래 하기!

인사표현 챈트를 불러요.

중국어 인사표현을 알아볼까?

!   !

안녕 안녕 Nǐ hǎo ×5

잘가 잘가 Zàijiàn ×5

중국어 감사표현을 알아볼까?

!   !

고마워 고마워 Xièxie ×5

천만에 천만에 Bú kèqi ×5

중국어 사과표현을 알아볼까?

!   !

미안해 미안해 Duìbuqǐ ×5

괜찮아 괜찮아 Méi guānxi ×5

미니 수첩 만들기 | 활동지 135쪽

만났을 때와 헤어질 때 우리는 항상 인사를 해요. 인사는 친구와 친해질 수 있는 가장 중요한 행동이에요. 중국어로 인사말을 배워볼까요?

준비물 : 색연필, 가위, 풀

❶ 만났을 때와 헤어질 때 인사를 중국어로 말해 볼까요?

Nǐ hǎo! 안녕하세요!

Zàijiàn 잘가요!

❷ 고마울 때 인사를 중국어로 말해 볼까요?

Xièxie! 고마워요!

Bú kèqi! 천만에요!

❸ 사과할 때 인사를 중국어로 말해 볼까요?

Duìbuqǐ! 미안해요!

Méi guānxi! 괜찮아요!

❹ 활동지에 있는 인사말을 따라서 쓰세요.

❺ 실선을 따라 가위로 오리고, 점선을 따라 접으세요.

❻ 안쪽으로 접힌 부분을 풀로 붙여 미니 수첩을 완성합니다.

활동 Tip

기본 인사표현을 중국어로 배워보았어요.
만날 때와 헤어질 때, 감사와 사과의 표현을 익혀서 친구들과 연습해 보세요!

정답
낱말 모아보기
병음 카드

정답

1과
12~13쪽
1
운모 형제를 소개해요.
여섯 명의 운모 형제를 소개해요.
ZOO
i
o
e
u

4과
30~31쪽
4
운모를 연습해요(1)
그림 속에 숨어 있는 숫자2, 숫자3, 숫자8, 콩, 파, 강아지, 문을 찾아 보세요.

4과
36~37쪽

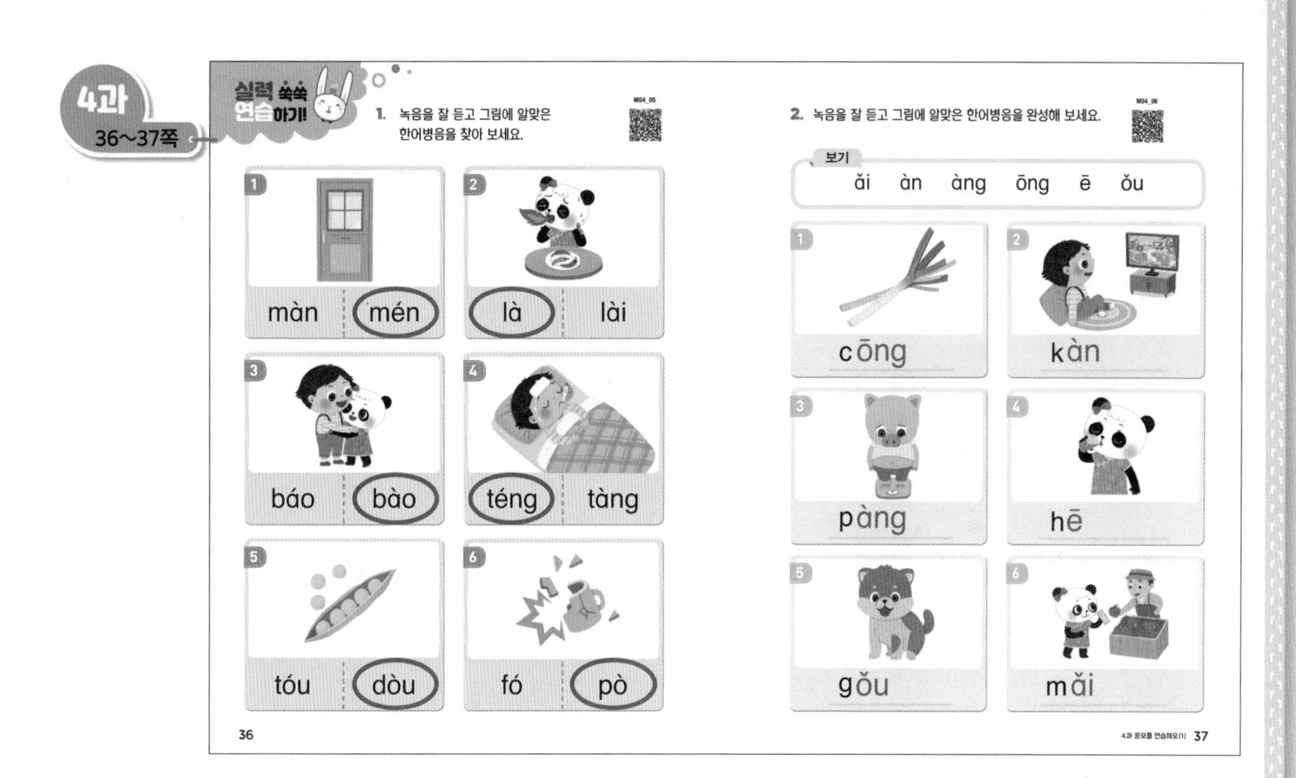

5과
38~39쪽

5과
44~45쪽

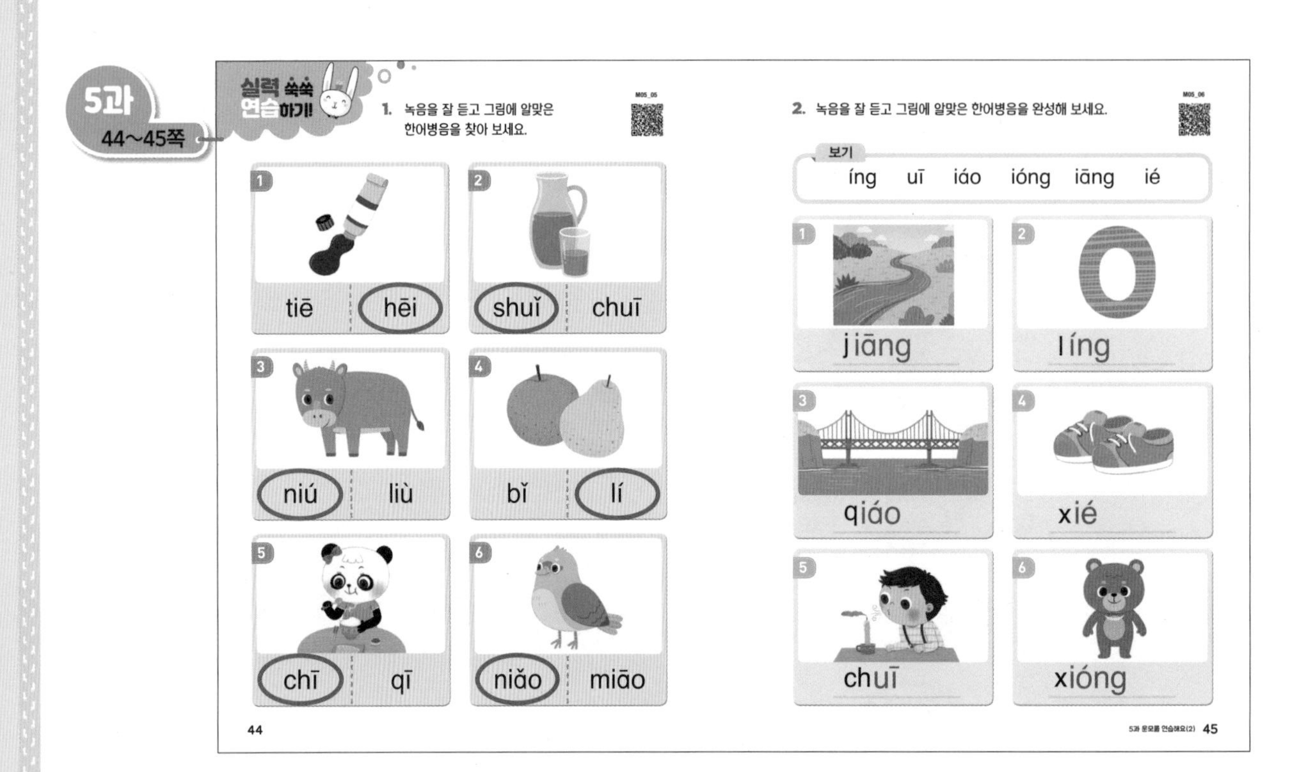

6과
46~47쪽

6과
52~53쪽

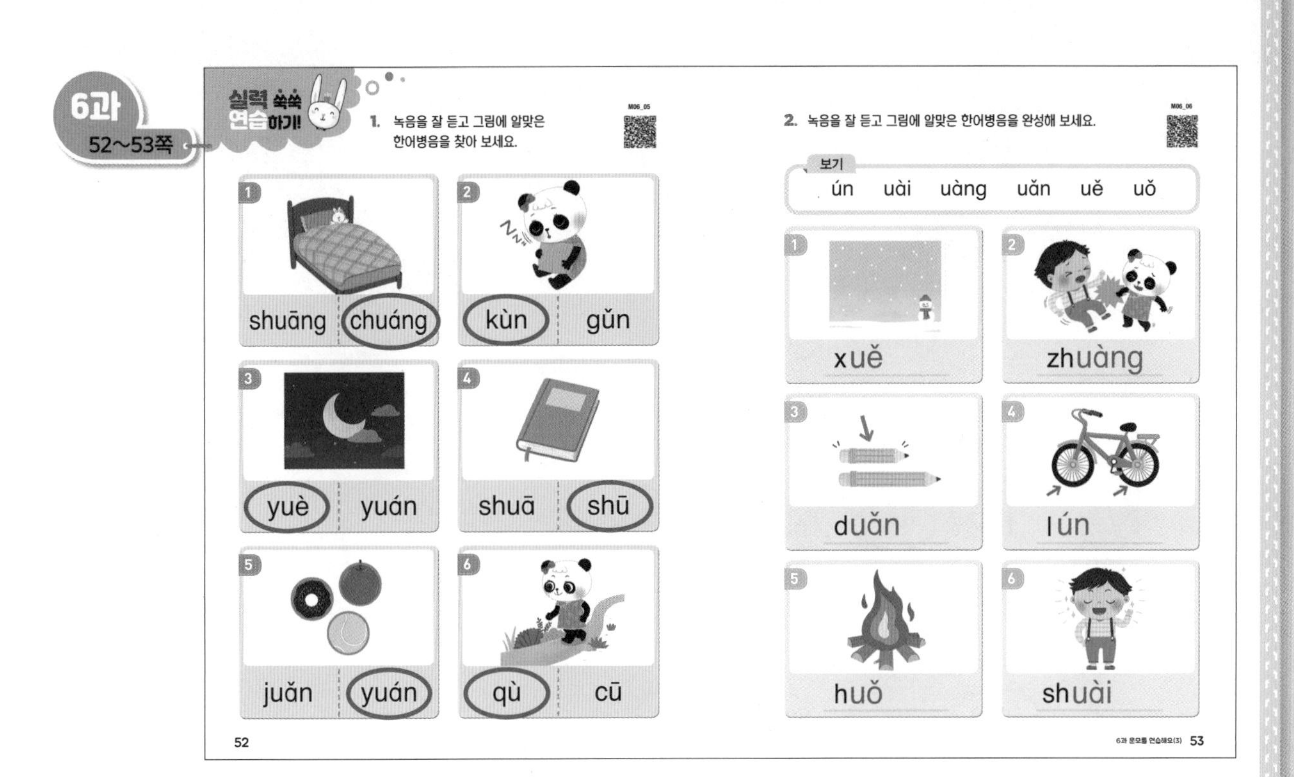
실력 쑥쑥 연습하기!

1. 녹음을 잘 듣고 그림에 알맞은 한어병음을 찾아 보세요.

1 shuāng chuáng
2 kùn gǔn
3 yuè yuán
4 shuā shū
5 juǎn yuán
6 qù cū

2. 녹음을 잘 듣고 그림에 알맞은 한어병음을 완성해 보세요.

보기
ún uài uàng uǎn uě uǒ

1 xuě
2 zhuàng
3 duǎn
4 lún
5 huǒ
6 shuài

52

6과 운모를 연습해요(3) 53

7과
54~55쪽

7

성모를 연습해요(1)

그림 속에 숨어 있는 우유, 병, 쌀(벼), 밥그릇, 용, 파인애플, 연필꽂이를 찾아 보세요.

7과
60~61쪽

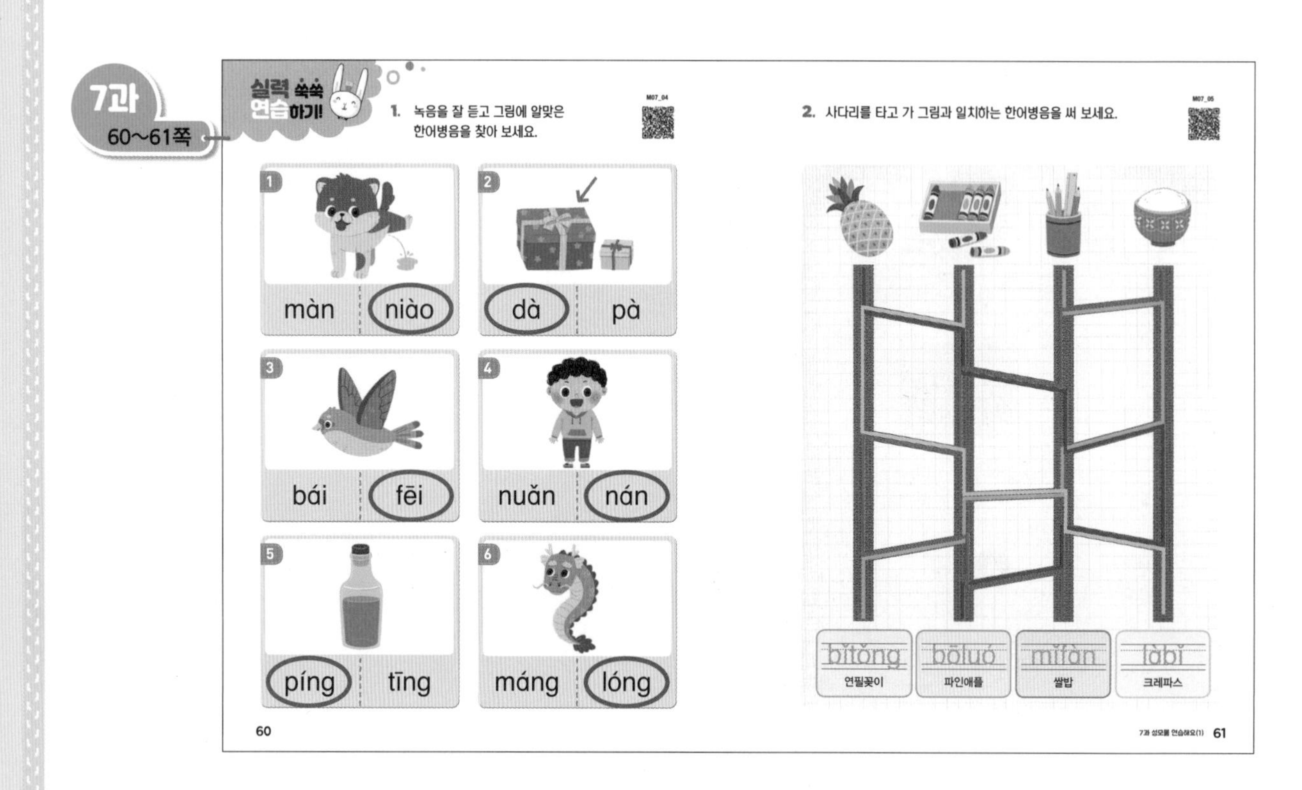

8과
62~63쪽

8과
68~69쪽

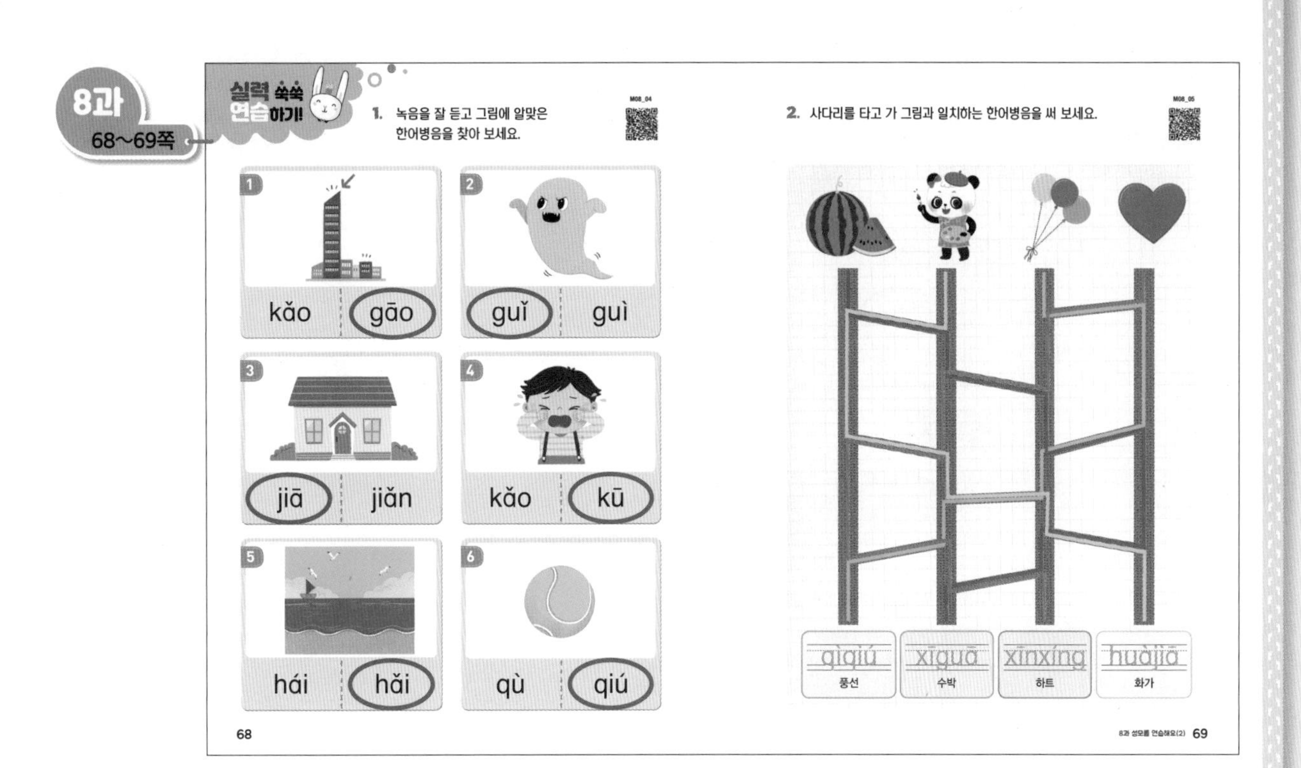

9과
70~71쪽

9과
76~77쪽

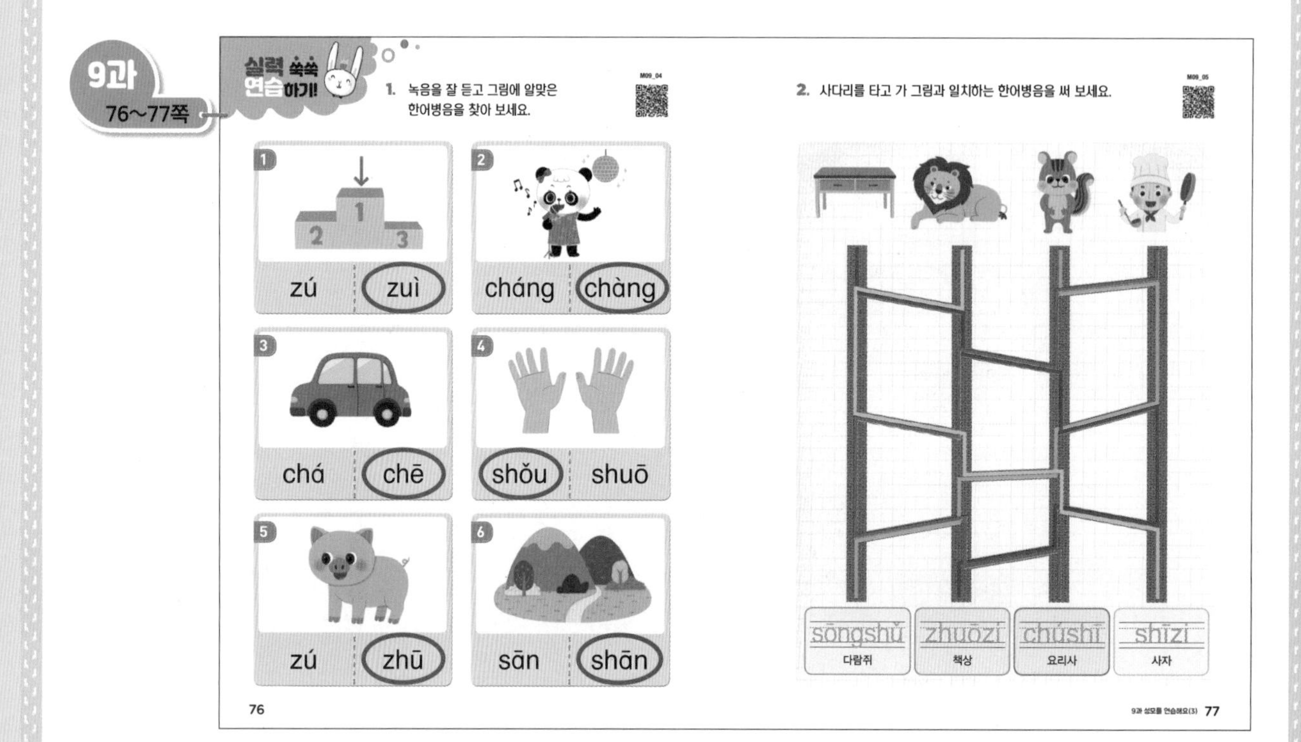

실력 쑥쑥 연습하기!
1. 녹음을 잘 듣고 그림에 알맞은 한어병음을 찾아 보세요.
zú
zuì
cháng
chàng
chá
chē
shǒu
shuō
zú
zhū
sān
shān
2. 사다리를 타고 가 그림과 일치하는 한어병음을 써 보세요.
sōngshǔ
다람쥐
zhuōzi
책상
chúshī
요리사
shīzi
사자
76
77

4과

bā	여덟, 숫자 8	gǒu	개
là	맵다	dòu	콩
sān	셋, 숫자 3	cōng	파
kàn	보다	hóng	빨강
cháng	길다	hē	마시다
pàng	뚱뚱하다	rè	덥다
kāi	열다	mén	문
mǎi	사다	bèn	어리석다
māo	고양이	téng	아프다
bào	안다	lěng	춥다
liǎn	얼굴	ěr	귀
diàn	전기	èr	둘, 숫자 2
fó	부처님		
pò	깨다		

5과

lí	배	shuǐ	물
bǐ	필기구	xiōng	가슴
jīn	금	xióng	곰
yín	은	hēi	검정
tīng	듣다	běi	북쪽
líng	영, 숫자 0	xié	신발
jiā	더하다	miè	불을 끄다
xià	아래	sì	넷, 숫자 4
qiáo	다리	zhǐ	종이
niǎo	새	shí	열, 숫자 10
jiāng	강	chī	먹다
liǎng	둘		
niú	소		
jiǔ	아홉, 숫자 9		
chuī	불다		

6과

shū	책	lǜ	초록
dú	읽다	jǔ	들어 올리다
huǒ	불	qù	가다
zuò	앉다	xū	쉿
guāi	착하다	xuě	눈
shuài	멋지다	yuè	달
huā	꽃	yūn	어지럽다
huà	그림, 그리다	qún	치마
chuán	배	yuán	둥글다
duǎn	짧다	juǎn	말다
chuáng	침대		
zhuàng	부딪치다		
lún	바퀴		
kùn	졸리다		
nǚ	여자		

7과

bāo	가방	lóng	용
bǎi	일백, 100	bānmǎ	얼룩말
píng	병	làbǐ	크레파스
pà	무서워하다	miànbāo	빵
màn	느리다	niúnǎi	우유
mǐ	쌀	bōluó	파인애플
fēi	날다	mǐfàn	쌀밥
fēng	바람	bǐtǒng	연필꽂이
děng	기다리다	diànnǎo	컴퓨터
dà	크다		
tián	달다		
tuǐ	다리		
nán	남자		
niào	오줌 누다		
lā	잡아당기다		

8과

gāo	높다
guǐ	귀신/유령
kū	울다
kuài	빠르다
hǎi	바다
huáng	노랑
jī	닭
jiā	집
qiān	천/1000
qiú	공
xué	배우다
xiě	쓰다
huàjiā	화가
xiāngjiāo	바나나
xuéxiào	학교
kēxué	과학
xīguā	수박
xīnxíng	하트
xuéxí	공부하다
qìqiú	풍선

9과

zì	글자
zuì	최고
cǎo	풀
cuò	틀리다
sǎn	우산
sòng	주다
zhū	돼지
zhǎo	찾다
chē	자동차
chàng	노래하다
shān	산
shǒu	손
rén	사람
ròu	고기
shīzi	사자
shìzi	감
chúshī	요리사
chǐzi	자
shēngrì	생일
zhuōzi	책상
zhīzhū	거미
sōngshǔ	다람쥐

10과

píngguǒ	사과	Rìběn	일본
shìzi	감	Fǎguó	프랑스
xīguā	수박	Hánguó	한국
pútao	포도	Nǐ hǎo!	안녕하세요!
bōluó	파인애플	Zàijiàn!	잘가요!
cǎoméi	딸기	Xièxie!	고마워요!
shīzi	사자	Bú kèqi!	천만에요!
lǎohǔ	호랑이	Duìbuqǐ!	미안해요!
dàxiàng	코끼리	Méi guānxi!	괜찮아요!
sōngshǔ	다람쥐		
xióngmāo	판다		
lóng	용		
Yuènán	베트남		
Měiguó	미국		
Zhōngguó	중국		

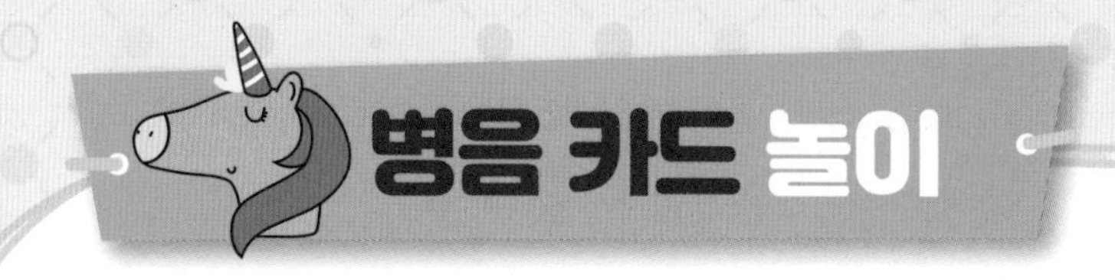

바르게 발음하기

❶ 두세 명의 학생과 선생님이 그룹을 지어 앉습니다.
❷ 여러 장의 성모, 운모 카드를 벌여 놓습니다.
❸ 선생님이 불러 주는 발음의 카드를 찾습니다.
❹ 올바른 카드를 먼저 찾는 학생은 손을 들고, 해당 발음을 큰 소리로 읽습니다.
❺ 정답을 맞춘 학생이 점수를 얻습니다.

단어카드 찾기

❶ 선생님은 단어 카드를 학생들에게 고르게 나누어 줍니다.
❷ 성모 운모 카드는 바닥에 벌여 놓습니다.
❸ 가위바위보로 순서를 정하고, 처음 순서의 학생은 자신이 가진 카드를 내려놓으며 발음을 합니다.
❹ 바닥에 벌여놓은 카드 중 발음에 맞는 성모, 운모, 성조카드를 모아 바르게 놓습니다.
❺ 정답을 맞추면 점수를 얻고, 다시 한번 자기가 가진 카드를 내려놓으며 발음합니다.
❻ 자신의 차례에 발음을 바르게 하지 못하거나, 성모, 운모, 성조카드를 바르게 조합하지 못하면 다른 학생에게 기회가 주어집니다.
❼ 가장 먼저 자기가 가진 카드를 모두 내려놓은 학생이 이깁니다.

a o e ı

i u ü u

b p m f

d t n l

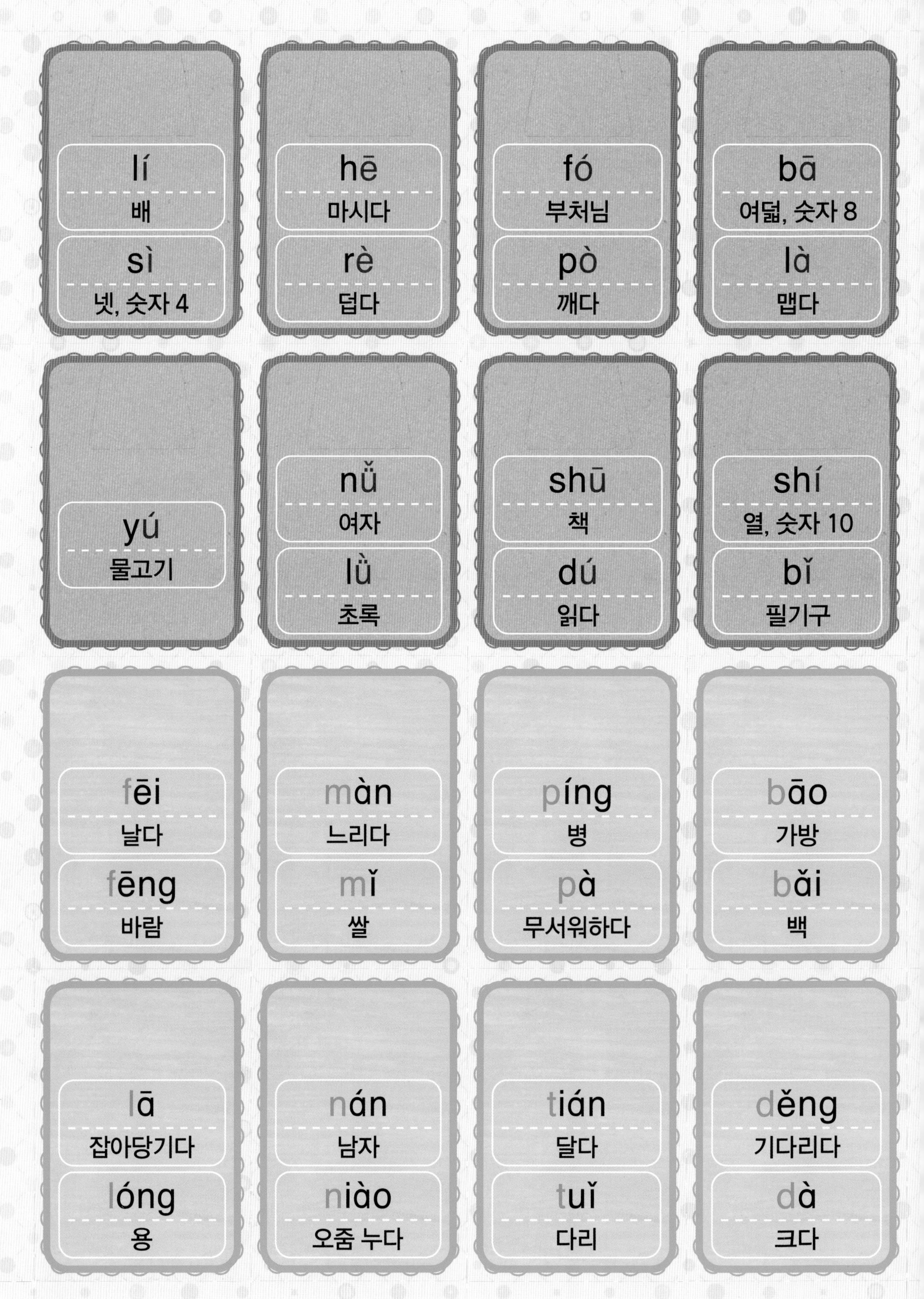

lí
배
sì
넷, 숫자 4
hē
마시다
rè
덥다
fó
부처님
pò
깨다
bā
여덟, 숫자 8
là
맵다
yú
물고기
nǚ
여자
lǜ
초록
shū
책
dú
읽다
shí
열, 숫자 10
bǐ
필기구
fēi
날다
fēng
바람
màn
느리다
mǐ
쌀
píng
병
pà
무서워하다
bāo
가방
bǎi
백
lā
잡아당기다
lóng
용
nán
남자
niào
오줌 누다
tián
달다
tuǐ
다리
děng
기다리다
dà
크다

g k h j

q x z c

s zh ch sh

r y w

어린이
중국어 해결사
- 발음 -
성모 운모
카드

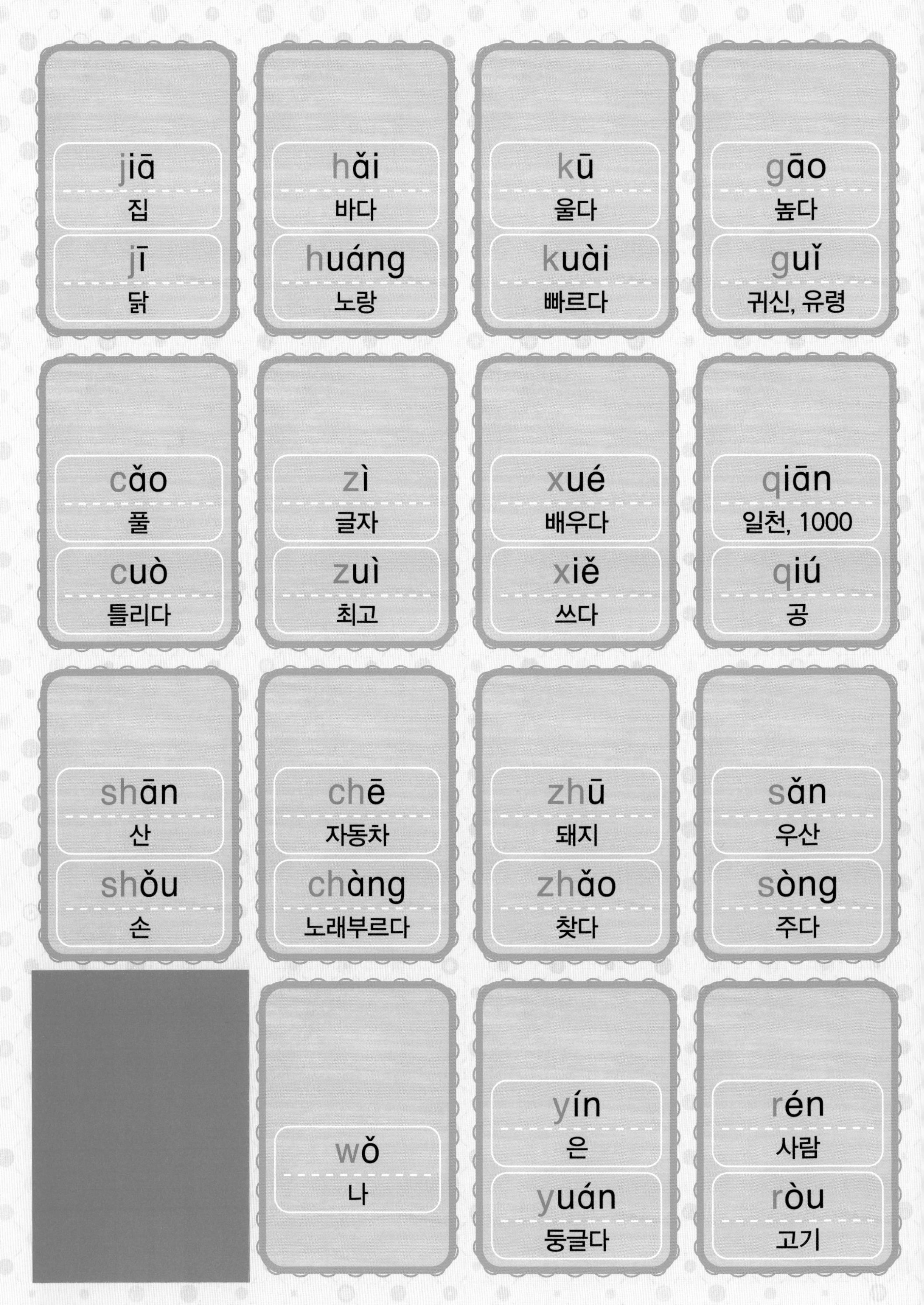
jiā
집
jī
닭
hǎi
바다
huáng
노랑
kū
울다
kuài
빠르다
gāo
높다
guǐ
귀신, 유령
cǎo
풀
cuò
틀리다
zì
글자
zuì
최고
xué
배우다
xiě
쓰다
qiān
일천, 1000
qiú
공
shān
산
shǒu
손
chē
자동차
chàng
노래부르다
zhū
돼지
zhǎo
찾다
sǎn
우산
sòng
주다
wǒ
나
yín
은
yuán
둥글다
rén
사람
ròu
고기

어린이 중국어 해결사
- 발음 -
운모카드

an

ang

ai

ao

ian

ou

ong

sān
숫자 3
kàn
보다
kāi
열다
mǎi
사다
cháng
길다
pàng
뚱뚱하다
liǎn
얼굴
diàn
전기
māo
고양이
bào
안다
cōng
파
hóng
빨강
gǒu
개
dòu
콩

en

eng

in

er

ing

ia

iao

iang

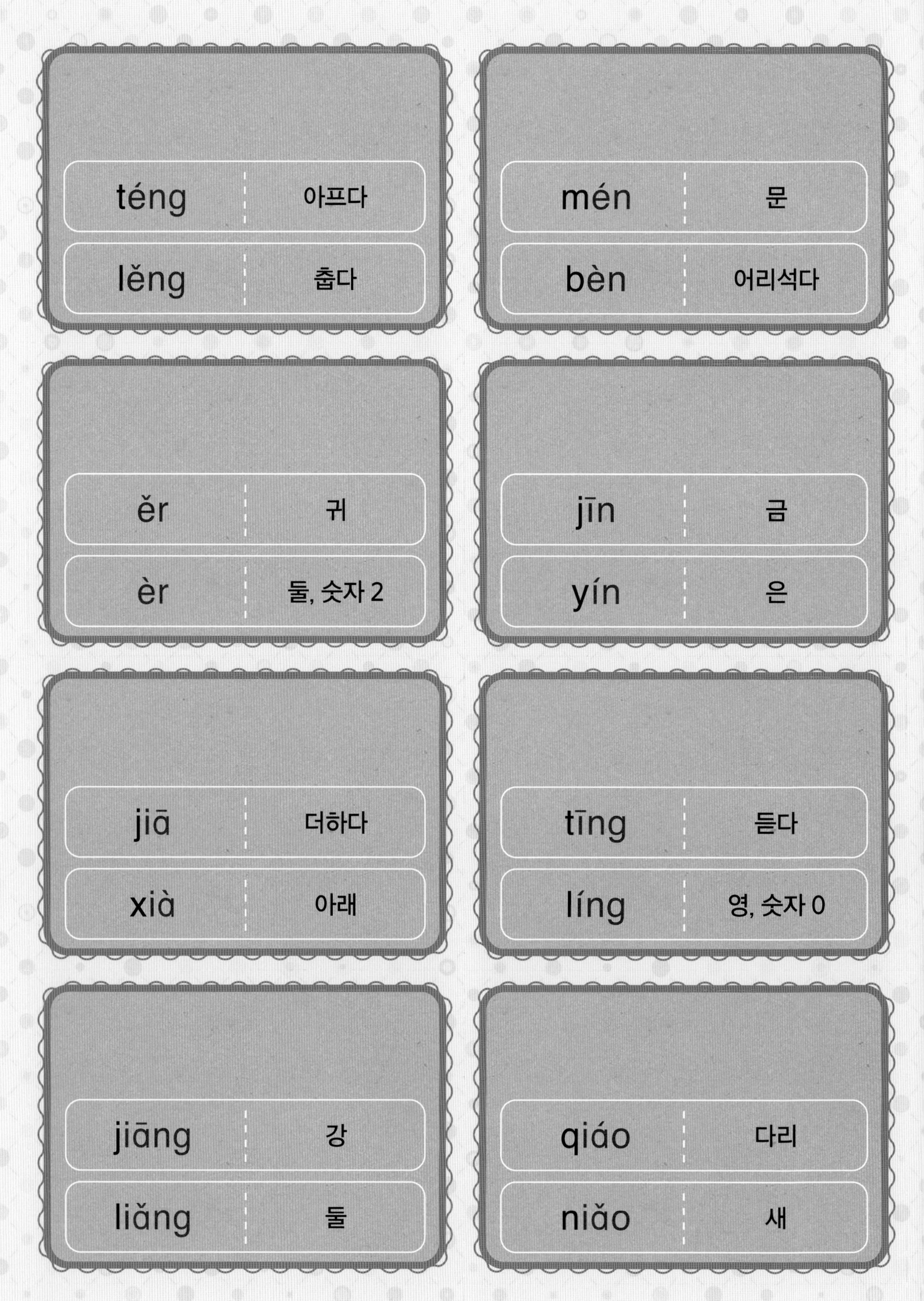
téng
아프다
lěng
춥다
mén
문
bèn
어리석다
ěr
귀
èr
둘, 숫자 2
jīn
금
yín
은
jiā
더하다
xià
아래
tīng
듣다
líng
영, 숫자 0
jiāng
강
liǎng
둘
qiáo
다리
niǎo
새

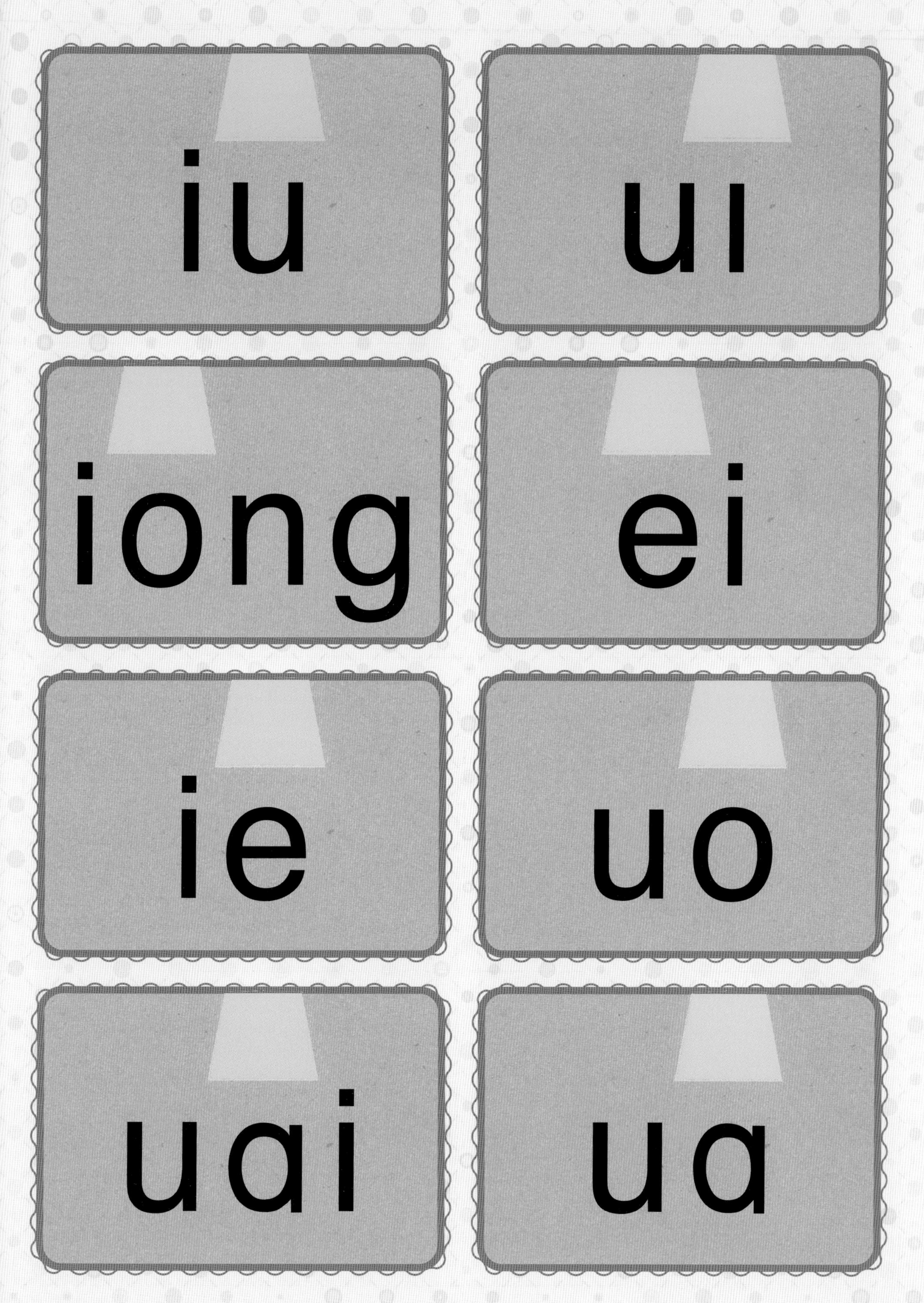
iu
ui
iong
ei
ie
uo
uai
ua

chuī
불다
shuǐ
물
niú
소
jiǔ
아홉, 숫자 9
hēi
검정
běi
북쪽
xiōng
가슴
xióng
곰
huǒ
불
zuò
앉다
xié
신발
miè
불을 끄다
huā
꽃
huà
그림, 그리다
guāi
착하다
shuài
멋지다

uan
uang
un
üe
ün
üan

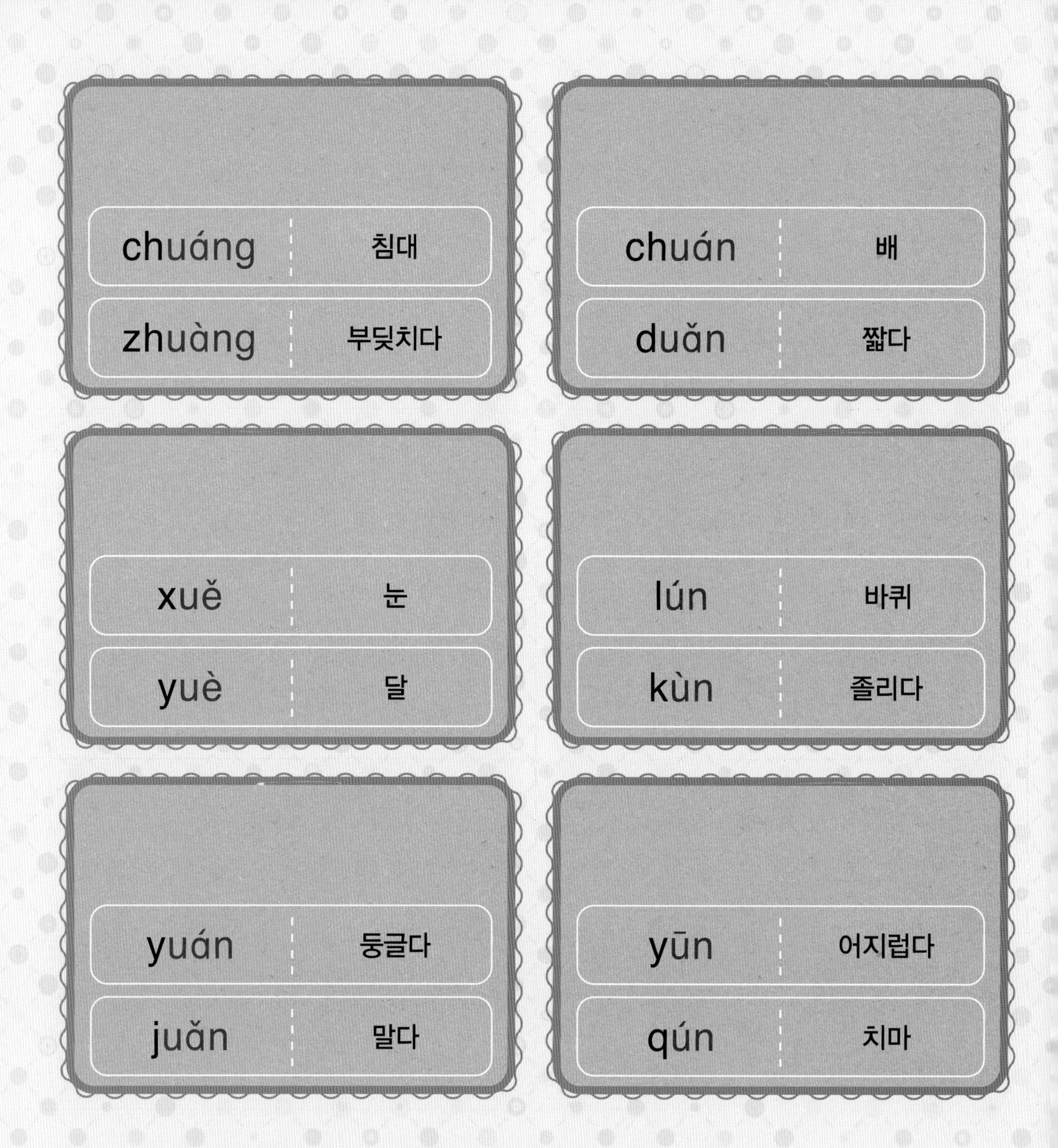
chuáng
침대
zhuàng
부딪치다
chuán
배
duǎn
짧다
xuě
눈
yuè
달
lún
바퀴
kùn
졸리다
yuán
둥글다
juǎn
말다
yūn
어지럽다
qún
치마

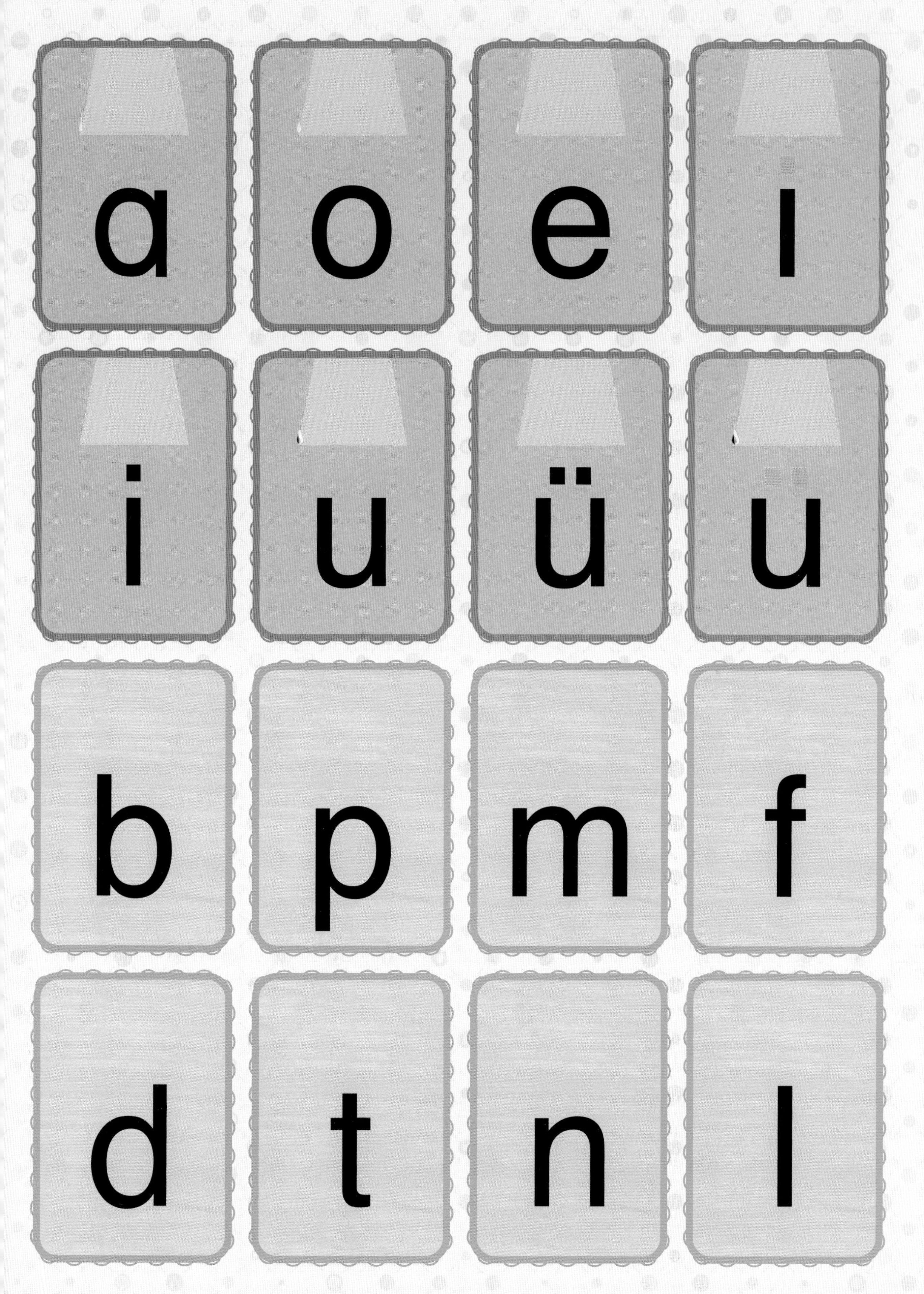
a
o
e
i
i
u
ü
u
b
p
m
f
d
t
n
l

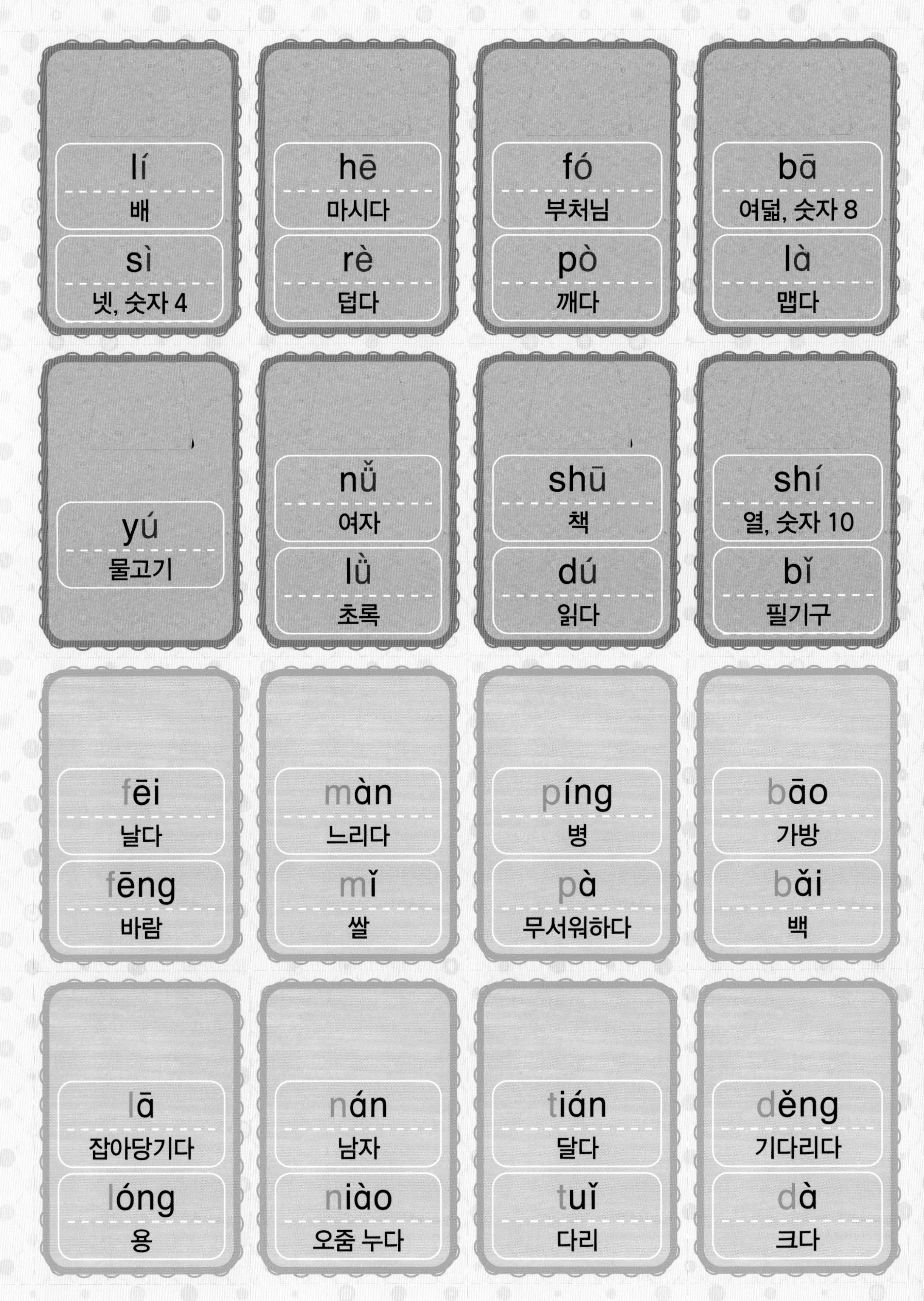

lí
배
sì
넷, 숫자 4
hē
마시다
rè
덥다
fó
부처님
pò
깨다
bā
여덟, 숫자 8
là
맵다
yú
물고기
nǚ
여자
lǜ
초록
shū
책
dú
읽다
shí
열, 숫자 10
bǐ
필기구
fēi
날다
fēng
바람
màn
느리다
mǐ
쌀
píng
병
pà
무서워하다
bāo
가방
bǎi
백
lā
잡아당기다
lóng
용
nán
남자
niào
오줌 누다
tián
달다
tuǐ
다리
děng
기다리다
dà
크다

g k h j

q x z c

s zh ch sh

r y w

어린이
중국어 해결사
- 발음 -
성모 운모
카드

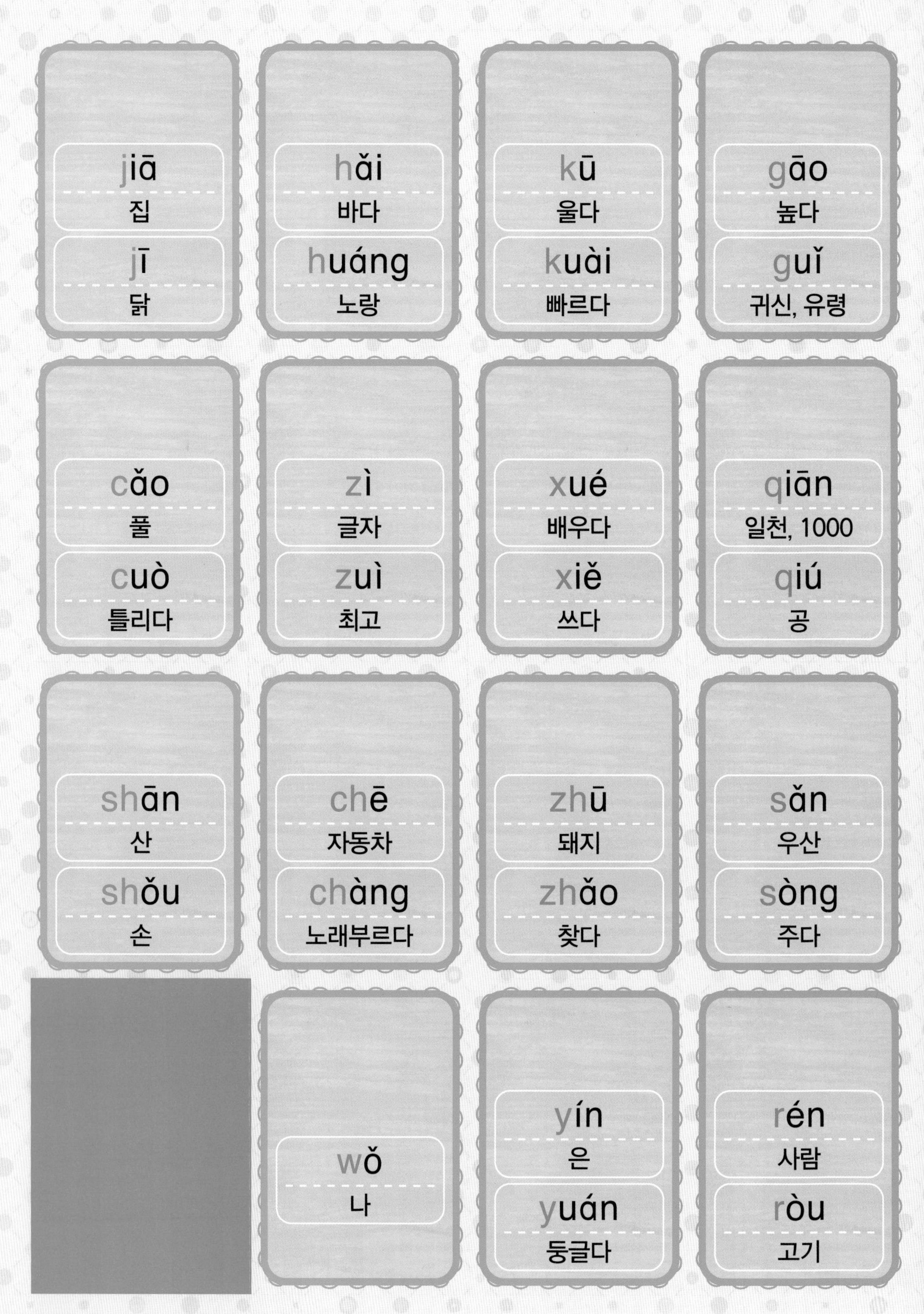

jiā
집
jī
닭
hǎi
바다
huáng
노랑
kū
울다
kuài
빠르다
gāo
높다
guǐ
귀신, 유령
cǎo
풀
cuò
틀리다
zì
글자
zuì
최고
xué
배우다
xiě
쓰다
qiān
일천, 1000
qiú
공
shān
산
shǒu
손
chē
자동차
chàng
노래부르다
zhū
돼지
zhǎo
찾다
sǎn
우산
sòng
주다
wǒ
나
yín
은
yuán
둥글다
rén
사람
ròu
고기

어린이 중국어 해결사
- 발음 -
운모카드

an

ang

ai

ao

ian

ou

ong

sān
숫자 3
kàn
보다
kāi
열다
mǎi
사다
cháng
길다
pàng
뚱뚱하다
liǎn
얼굴
diàn
전기
māo
고양이
bào
안다
cōng
파
hóng
빨강
gǒu
개
dòu
콩

en

eng

in

er

ing

ia

iao

iang

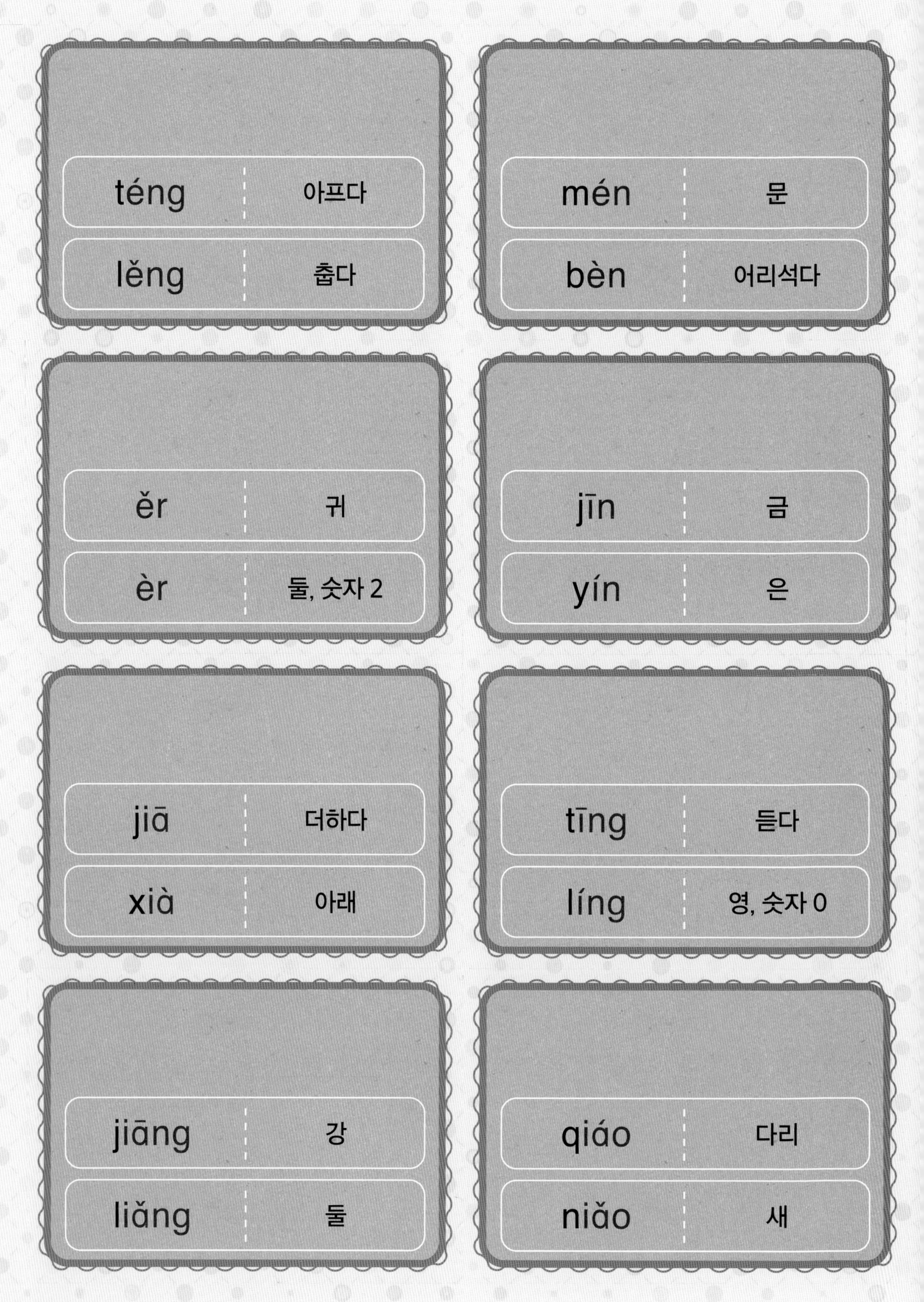
téng
아프다
lěng
춥다
mén
문
bèn
어리석다
ěr
귀
èr
둘, 숫자 2
jīn
금
yín
은
jiā
더하다
xià
아래
tīng
듣다
líng
영, 숫자 0
jiāng
강
liǎng
둘
qiáo
다리
niǎo
새

iu

ui

iong

ei

ie

uo

uai

ua

chuī
불다
shuǐ
물
niú
소
jiǔ
아홉, 숫자 9
hēi
검정
běi
북쪽
xiōng
가슴
xióng
곰
huǒ
불
zuò
앉다
xié
신발
miè
불을 끄다
huā
꽃
huà
그림, 그리다
guāi
착하다
shuài
멋지다

uan
uang
un
üe
ün
üan

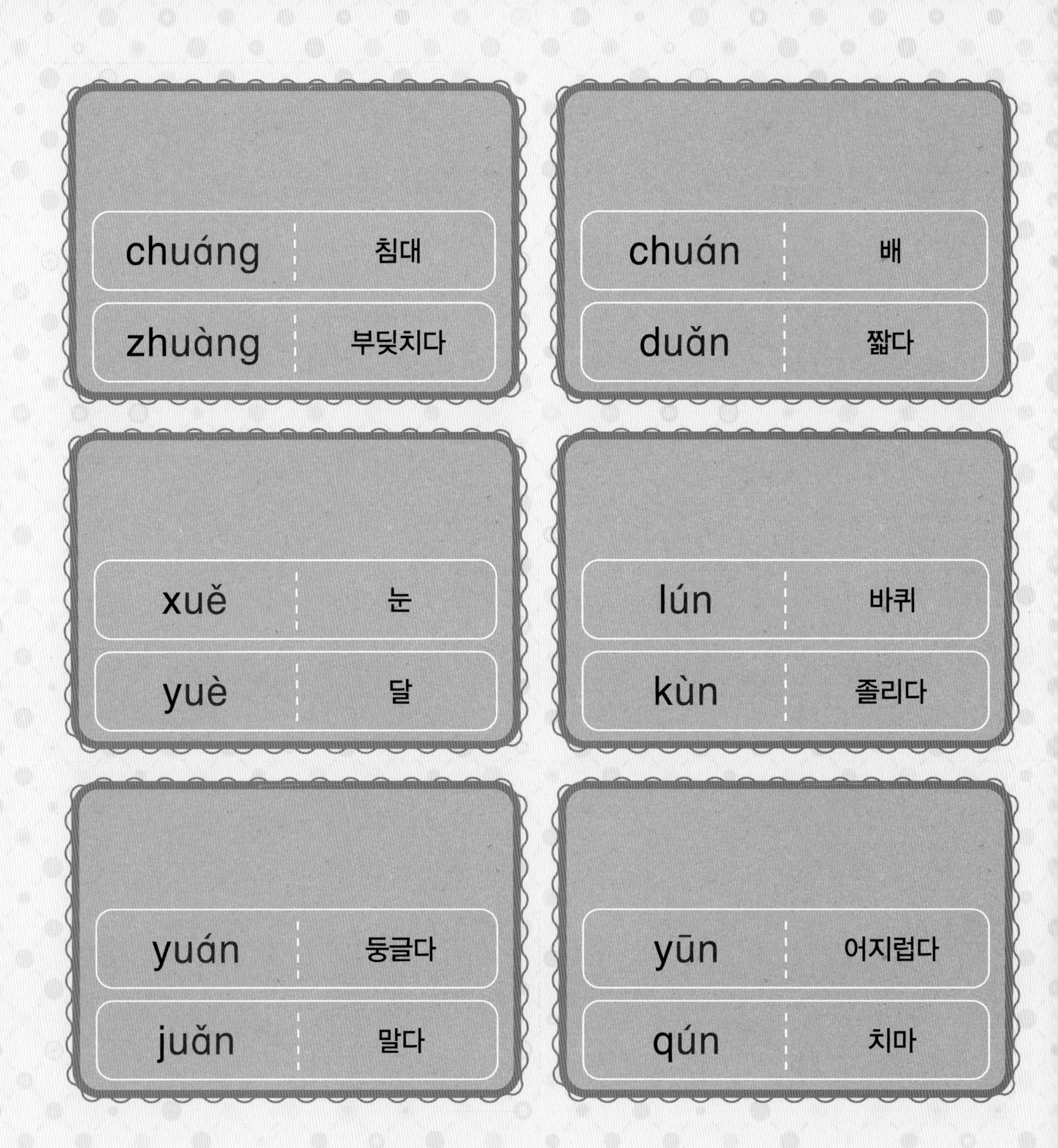

chuáng
침대
zhuàng
부딪치다
chuán
배
duǎn
짧다
xuě
눈
yuè
달
lún
바퀴
kùn
졸리다
yuán
둥글다
juǎn
말다
yūn
어지럽다
qún
치마

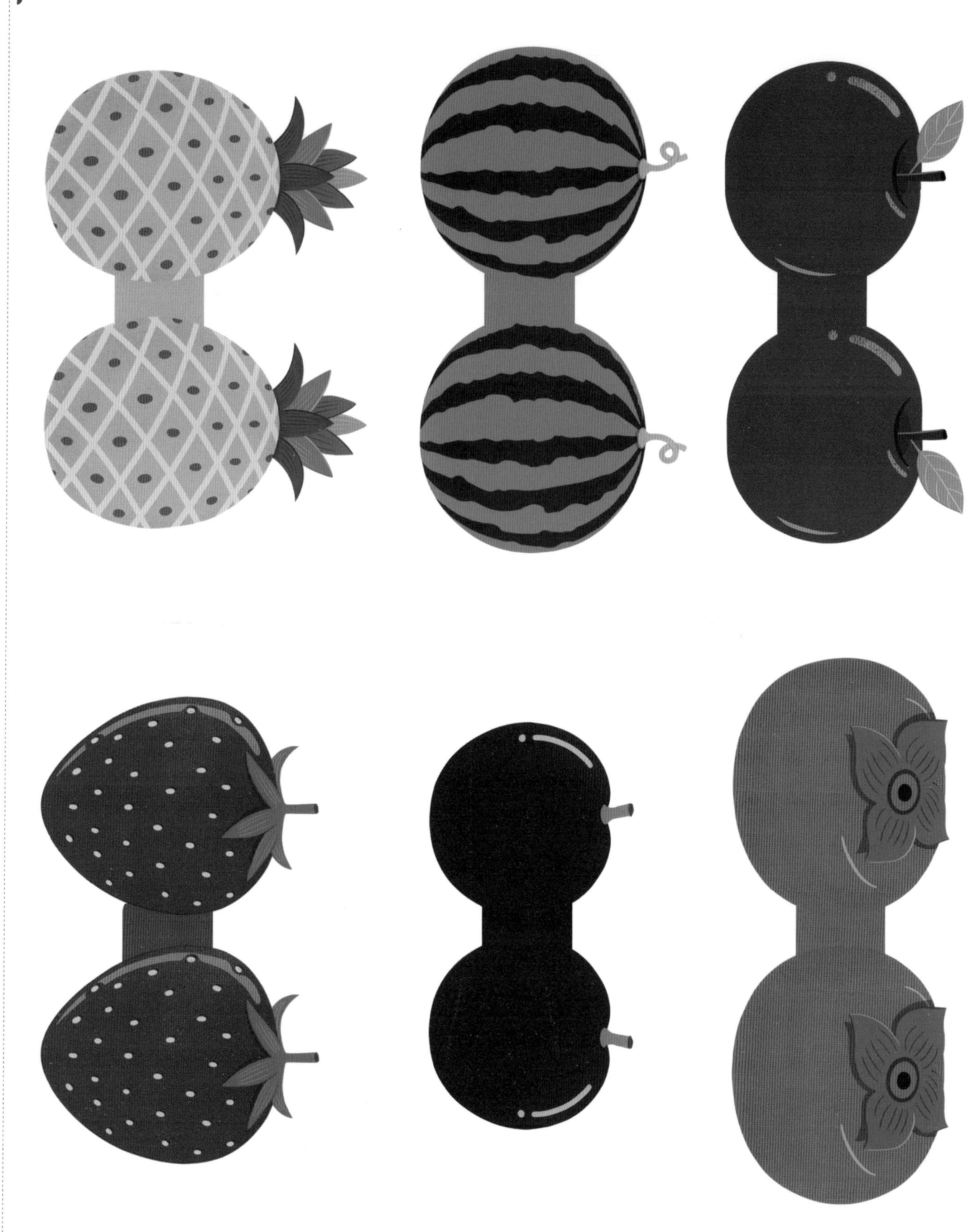

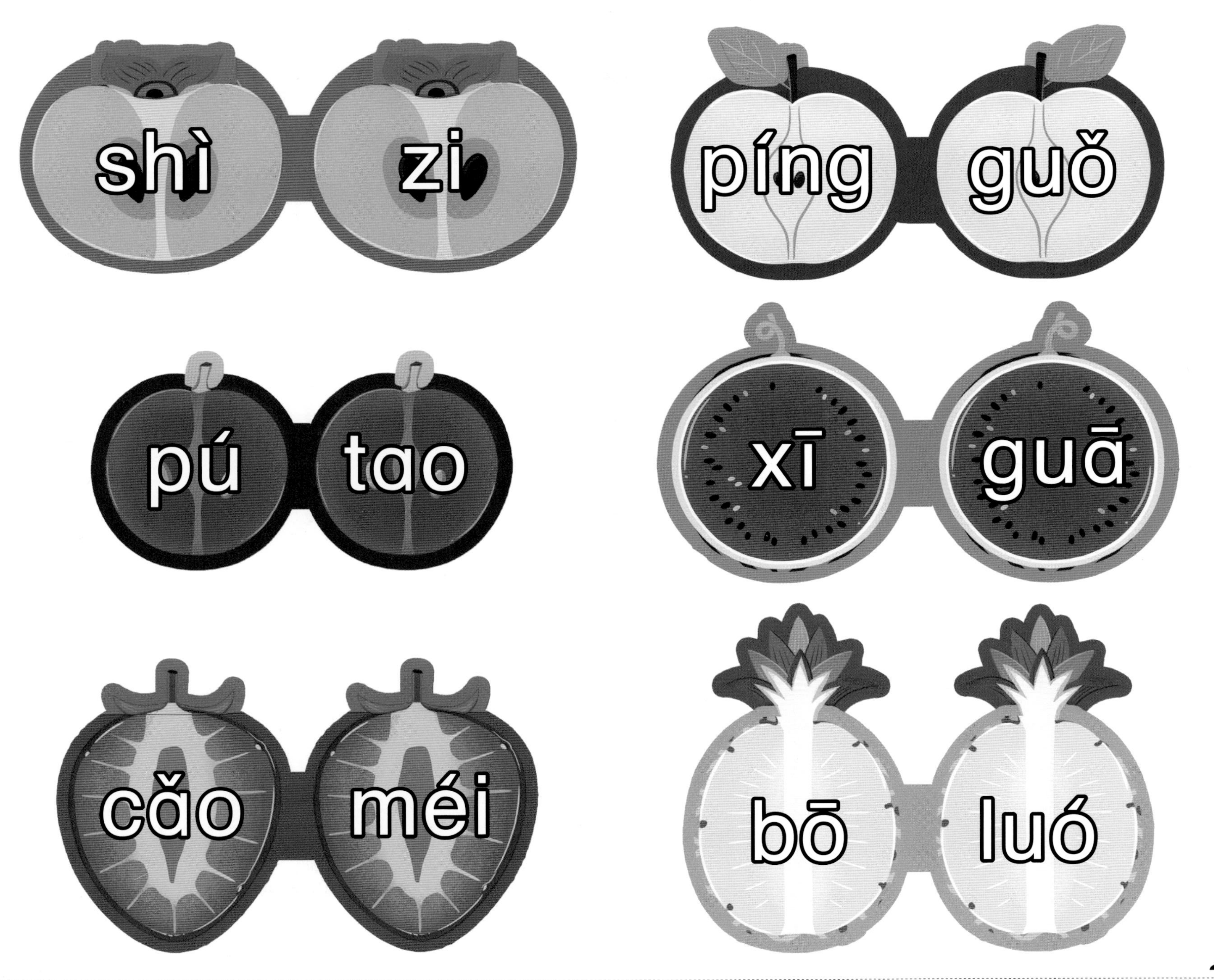

shì zi
píng guǒ
pú tao
xī guā
cǎo méi
bō luó

Měiguó
Zhōngguó
Rìběn
Fǎguó
Hánguó
Yuènán
비행기를 타고
여행을 가볼까요?